〈信州特攻隊物語完結編〉

と号第三十一飛行隊「武揚隊」の軌跡

さまよえる特攻隊

きむら けん

えにし書房

と号第三十一飛行隊「武揚隊」の軌跡　目次

序　章　武剋隊と武揚隊

（一）散華ということ

桜と特攻とがぶつかった、それで戦争花物語は生まれた。

太平洋戦争の天王山、沖縄決戦が始まったのは春三月、まさに桜の開花時期だった。

沖縄方面の航空作戦を天号作戦という。昭和二十年三月二十日、敵機動部隊が接近してきた。大本営は直ちにこれを下命した、本州各地からは特攻機が一斉に離陸し、沖縄をめざして列島を縦断していった。戦闘機乗員にとっては、故国と決別するための道行きだ。眼下に映りゆく海や山を目に焼き付けるように飛行した。瀬戸内海では、海に浮かぶ大小の島々が桜色に染まっていた。九州の山里では桜に縁取られた藁葺屋根や土蔵が目に染みた。思い捨てがたく編隊を解いて低空で飛ぶと、全山の桜が吹雪のように舞ったという。散りゆく桜は彼らの運命を暗示していた。

南行する特攻機、北行する敵機動部隊、沖縄慶良間《けらま》列島沖にはごま粒をまぶしたように敵艦船が群れをなしていた。特攻機はこれらに挑んだが。が、敵の空母は難敵、対空砲火と分厚い鋼板とに妨げられ、あえなく砕け散っていくばかり。

源平合戦ならぬ、日米合戦を語る講談師は張り扇を叩いて高調子で「さても、日の丸特攻機は花びらのごとく南海の海に散って行きにけり……」と語る。

桜と戦争と情調、これが語られることはない。しかし、残された逸話は花にちなむものばかりだ。

一つ、昭和二十年春、松本浅間温泉には東京からの疎開学童が滞在していた。彼らの元に特攻基地健軍《けんぐん》から手紙が届いた。「みなさんがこのてがみをみているころには兵隊さんはこの世のひとではありません」と。また「桜をひとひら同封しました」ともあった。これを読んで学童たち、特に女児は泣き崩れた。

二つ、昭和二十年四月二十一日、茨城県谷田部《やたべ》飛行場を沖縄に向けて飛び立とうとする海軍機があった。そのときに桜の小枝を折って捧げたという手塚久四さんに会ったことがある。「市島保男君が零戦《ぜろせん》で出撃していくとき、桜を操縦席に飾ってやろうとしたのです。ところが挿《さ》すところがないのです。それで風防の溝に入れてあげましたよ……」

その彼は飛び立って富士に出会う。「機上よりの富士の姿はあまりにも荘厳なり。想像を絶す。機上の桜一二富士に捧げ一路西進す」（『きけ　わだつみのこえ』）と記した。

三つ、こちらは生き残り特攻兵だ。

「胸ポケットに入れていた手帳があったな。知覧から出撃するときに桜の花びらを挟んだんだ。終戦以来開いたことはないけど。花はあるかな……ああ、こんなになっちゃうんだ」

手帳には干からびて茶色くなった花びらが挟まっていた。沖縄に向かう途中、機の不調で不時着してかろうじて命を取り留めたのは久貫兼資《くぬきけんじ》軍曹だ。

桜と戦争、この組み合わせには既に情調、哀しみがある。桜は象徴的なものでそれは兵を表す。兵は国家の要請でみごとに花と散ることが求められていた。軍歌『同期の桜』では、こう歌われる。「咲いた花なら　散るのは覚悟　みごと散りましょ　国のため」と。兵は大君のために桜の花のように美しく散らねばならなかった。そして、死ねば「散華《さんげ》」したと讃えられる。華は仏教用語で蓮を指す。しかし、戦死の場合に使われる散華は間違いなく桜で、特攻兵の死を形容する場合に今でもよく使われる。若い命を犠牲にして敵艦船に戦闘機でぶつかって花のように散ったという意だ。「玉砕」同様、彼らの死を美化した語である。決して玉のように砕け散ったわけでも、桜のように美しく散ったわけでもない。その最期は悲惨だ。飢え死にしたり、激突死したりした。玉砕や散華は戦争を推進する側の美辞麗句であったことは、覚えておくべきことである。

（二）特攻二隊との出会い

国命《こくめい》によって若くして逝った特攻兵、そのはかない命に誰もが鮮烈な印象を残している。

青年が恋をしていればなおさらだ。若い女性は今も切ない恋に憧れるようだ。

「どうしてこの鹿児島まで来たのですか？」

今年の春（二〇一七年）、知覧特攻平和会館を訪れたとき二人の若い女性に出会った。北陸金沢から来ていた。

「『知覧からの手紙』がとても心に残ったものですから……」

髪の長い方の女性が答えた。

「ああ、穴澤少尉はここから飛び立ったんですね……」

第二十振武隊《しんぶたい》の彼は、昭和二十年四月十二日、この知覧から出撃していった。そのときに婚約者の智恵子さんから贈られたマフラーを巻いていた。会館には彼女に宛てた最後の手紙が残っている。「二人で力を合わせて来たが遂に実を結ばずに終わった」で始まる。

「切ない恋物語ですよね？」

「ええ」

そう言って細身の女性が小手を翳《かざ》し空を見上げる。連れも同じ仕草をする。乙女が特攻兵を想う姿には哀感が漂う。彼女らが立っているのは歴史的現場だ。この知覧からは四百二機もが出撃している。特攻の檜舞台《ひのきぶたい》だ。悲壮な花道をいく機が今でも空に思い起こされもするが、爆音は聞こえず、鳥のさえずりだけが聞こえる。

道に花道があれば裏道もある。私はこの裏舞台を駆け抜けた、とある隊のことを追ってきた。「知覧からの手紙」に倣うと、題は「新田原《にゅうたばる》からの手紙」とか「八塊《はっかい》からの手紙」となる。どちらもほとんど知られていない特攻出撃基地だ。

今、とある隊と述べた。それは「と号第三十一号飛行隊」だ。「と」は特攻隊の略号だ。隊の愛称は武《ぶ》揚隊《ようたい》である。この隊の中にも穴沢利夫少尉と同じ特別操縦見習士官がいた。彼も一人の女性を深く思っていた。が、出撃飛行場へ前進の途中、敵機に遭遇してあえなく戦死してしまった。恋がからむ特攻物語には形がある。アモーラルな結末だ。最後は特攻出撃してはかなく散っていく。

特攻で死ねば、散華、花と散って物語は完結する。しかし、華やかに散った者ばかりではない。散ろうにも散れなかったという隊もあった。行き詰まり、途方に暮れ、そしてさんざんに苦労を重ねた。それが武揚隊だ。武をかろうじて揚げて散った隊だ。

これから書こうとしているのはこの隊のことだ。ここ数年、信州信濃にやってきた特攻隊のことを調べてきた。が、最初からこれを調べようとしたわけではない。発端は情報のイレギュラー・バウンドからだ。本題を調べているうちに全く筋違いの情報に出会ってこの虜になってしまった。ところがこれが瓢箪から駒、歴史に埋もれていた真実を明かすこととなった。すなわち、武揚隊という隊の全貌である。

その大きなポイントは、ネットを通して二つの物証を発見したことだ。

一つはサイン帳である。長野県安曇野市《あづみのし》のとある家の箪笥の中に眠っていた。もう一つは手記である。徳島県小松島市のとある家の蔵に保存されていた。ともに武揚隊、と号第三十一飛行隊にかかわる資料である。比喩的に言えば割符である。長野と徳島にそれぞれに別れていた資料が偶然に見つかった。合わせるとぴたりと符合した。これによって武揚隊の発足から消滅までが解き明かされることになった。

武揚隊のことを知ったのは偶然だった。まず知ったのは武剋隊《ぶこくたい》だ。この隊を当たるうちに、もう一隊の武揚隊の存在が浮かび上がってきた。徐々にわかってきたのは二隊が双子の兄弟のような関係であったことだ。

昭和二十年になって大本営は沖縄防衛のための天号作戦に着手した。その一環として在満州の第二航空師団に特攻四隊の編成を下命する。これに基づき昭和二十年二月十日満州新京《しんきょう》で特別攻撃隊四隊が発足する。付与されたのは「誠《まこと》」隊だ。これは台湾を防衛する第八航空師団配属を意味する。中央配属のこのうちの二隊が武揚隊であり、武剋隊である。この二隊は使用機種が同じであった。そのために行をともにした。機種機縁が彼らの運命を導いたともいえる。戦闘機の形式は、キ51、九九式襲撃機《きゅうきゅうしきしゅうげきき》である。

新京発足の誠隊は、台湾に直行はしなかった。特攻出撃の準備が必要だったからだ。そのため武揚隊も武剋隊も本土に飛来してきた。が、これも一筋縄《ひとすじなわ》ではいかなかった。二転三転して満州から遙か隔たった信州山中、アルプスの山陰、松本飛行場まで飛来してきたのだった。

思いがけない飛来は、思いがけない出会いを生んだ。こちらは人間機縁だ。ちょうどこのときに東京世田谷から大勢の学童が空襲を避けて当地に疎開してきていた。

もともと行き会うはずもない二者、疎開学童と特攻二隊とが浅間温泉で出会っていた。これからの命を生きていく子どもたち、そして、自らの命をなげうとうとする若者、その二者のふれ合いである。が、それは仮初めの宿での出会いだ。数十日間を過ごした後、特攻隊は準備が整って順次出撃した。別れがたい思いを振り捨てて出発していく。いずれの隊の機も手を振る代わりに両翼を左右に揺らして飛び去った。ところが、その後の二隊の運命、それはまさに明暗をくっきりと分けるものであった。

二隊は兄弟隊だ。兄を武剋隊、弟を武揚隊としよう。いずれも特別攻撃隊である。昭和二十年、戦況が悪化してきたことから、軍部はこれまでにない戦法を選んだ。劣勢を一挙に挽回しようとする手段である。各地の航空隊から優秀な操縦者を選び、その者たちを特別攻撃隊に任じた。その命令を受け、彼らは戦闘機に二百五十キロ、あるいは五百キロの爆弾を吊り下げ、敵であるアメリカの艦船に体当たりをした。特攻は短期決戦だ。ゆえに隊が結成された後、間を置かずに突撃する。

ところが両隊はこの過程が大きく違った。まず武剋隊だ。十五名は前半隊、後半隊に分かれて突撃を敢行した。沖縄や九州新田原からである。結成から五十日目で全員が特攻戦死した。次は武揚隊だ。彼らは迂回《うかい》組だ。すなわち九州から大陸を経由して台湾に向かった。困難な道のりだ。途中敵艦載機に遭遇し三名が撃ち落とされた。ほうほうの体で台湾に向かう。が、途中で機を次々と失い、かろうじて三機のみが助かった。しかし、残存部隊はなんとか機を調達し、三次にわたって特攻攻撃を敢行した。その三次隊が突撃したのは、結成から百五十日目だった。陸軍全体の最後の特攻隊として七月十九日に出撃している。

武剋隊、武揚隊、この兄弟隊は発足日も機種も同じだった。だが、まるで違う運命を生きた。明暗を分けたと述べたが、一言で言えば統合的と分断的だった。これを象徴するエピソードを各隊から一人ずつ選んで、紹介することにしよう。

（三）廣森達郎中尉と長谷部良平伍長

まず、武剋隊隊長、廣森達郎中尉だ。勇猛果敢、戦史にその名を刻んでいる。昭和二十年三月二十六日、特攻出撃が下命された。すると隊長は部下に、「愈々明朝出撃だ。何時ものように俺について来い。次のことだけはお互いに約束しよう。今度生まれ変わったら、それが蛆虫《うじむし》であろうと国を愛する誠心だけは忘れないようにしよう」と言った。そして翌朝、特攻出撃する。第三十二軍、沖縄本島を統括する牛島軍司令官、幕僚などが首里山上に立ってこれを観望した。沖合には米軍艦船がひしめく中を突撃した。

隼のように降下する飛行機は吸い込まれるように次々に艦艇に命中する。火災があがり黒い爆風が艦を覆う。しばらくして海風が爆風を払うとそこには艦艇の姿はなかった。一瞬の静寂。何時の間にか山の彼方此方に一ぱいに立っている兵や住民から一斉にどよめきに似た歓声があがる。

防衛庁防衛研修所戦史室『戦史叢書　沖縄・臺灣・硫黄島方面陸軍作戦』朝雲新聞社・一九七〇年（以下引用する場合は『戦史叢書』とする）。

この攻撃を指揮し、また目撃した神直道中佐はこのように武剋隊先陣の戦果を描いている。当時の新聞も、「十機十艦よく屠《ほふ》る」という有名な見出しを載せている。映画『激動の昭和史　沖縄決戦』に出てくる名シーンでもある。

さて次は、武揚隊隊員、長谷部良平である。

昭和二十年四月十七日のことだ。特攻出撃基地、知覧、隊員たちが待機する三角兵舎、その近くに松林があった。そこで切り株に腰を掛け、色糸を使って絽刺しをしている少年がいた。特攻兵を世話している知覧高女生がそれを見つけた。縫っている布地に「ブヨウタイ　ハセベリ」と刺繍がしてあった。

切り株に腰をおろして、ハンカチぐらいの大きさの絽刺《ろざ》しをしている伍長のまわりを笙子たちが囲

むと、顔を赤くした伍長は、目を伏せてしまった。誰かが、

「ハセベリ伍長さんは何隊ですか」

「ブヨータイ」

「ええっ、舞のあの舞踊ですか」

みんな目を丸くすると、伍長は怒ったような声で、

「ちがう、武を揚げる隊です」

そう言ってまた俯向《うつむ》いてしまった。ハセベリ伍長は、三角兵舎の中でも孤独であった。誠第三十一飛行隊として台湾に配属されるが、隊長以下他の隊員はハセベリを残して特攻出撃。


（神坂次郎『今日われ生きてあり』新潮文庫・二〇〇五年）

孤独な特攻兵士は長谷部良平伍長だ。松本飛行場を僚機《りょうき》とともに発ったが、次の各務原飛行場で乗機が故障してしまった。修理を終えて皆を追おうとしたが間に合わない、一人取り残されてしまった。仲間とは満州以来のつきあいだった。折々に武揚隊隊歌をうたって士気を高めてきた。「武を揚ぐる、ブヨータイ」と。愛着の深い隊だが、もう本隊は追えない。彼は仕方なしに誠隊から振武隊に鞍替えして、たった一機の振武第三十一飛行隊として四月二十二日にこの知覧から寂しく出撃していった。長谷部良平伍長は、分断された隊、武揚隊を象徴する特攻兵だった。

武剋隊、武揚隊、それぞれ一人ずつを紹介した。前者の先陣は、多くが見守る中で大きな戦果を挙げた。

一拍遅れた後陣も全機が特攻突撃を敢行し、この隊は十五名全員が突入戦死している。全体が統合的な戦いだった。後者は、九州から沖縄直行はせず、大陸経由で台湾から出撃した。回航途中にトラブルが続き、結果として分断的出撃となった。

陸軍沖縄戦特別攻撃隊戦没者は一〇三六柱という数字で表される。鹿児島の「知覧特攻平和会館」もこの名誉戦死者の遺影や遺品を収蔵している。「陸軍沖縄特別攻撃隊出撃戦死者名簿」に記載されている兵隊たちのものだ。

武剋隊と武揚隊の場合はどうか。前者は全員が十五柱となって記録され、多くが語られている。一方後者は六柱のみだ。その活躍は地味であった。そのためにこの隊の全貌は知られることがなかった。しかし先に述べた、割符の片割れが発見された。それは、武揚隊隊長の山本中尉の僚友、菱沼俊雄氏がまとめた「山本薫君の霊前に捧ぐ」という手記である。これによって隊の全貌が明らかとなった。

第1章　満州新京特攻四隊の発足

（一）疎開学童の手紙

満州新京で発足した武剋隊と武揚隊は、偶然陸軍松本飛行場にやってきた。そして、当地に疎開していた学童たちと出会った。その事実の一端《いったん》を学童が書いた葉書によって紹介しよう。

葉書の差出人は「長野県浅間温泉千代の湯　高島千恵子」と書かれている。その彼女が、「世田谷区北澤三丁目九六五」に住む父昭彦さん宛に出したものだ。

この手紙の期日は重要だ。表書に「昭和二十年三月二十八日」と下線まで引いて日付が記されている。消印は翌日の二十九日となっている。

彼女は元々東京に住んでいた。ところが米軍の大型爆撃機によって空襲されるおそれが出てきた。それで地方に避難した。いわゆる集団疎開である。

長野県松本市、この近郊に浅間温泉があった。ここに世田谷から七つの学校が疎開して来ていた。彼女の学校は代沢国民学校、今でいう小学校のことだ。代沢校はここで幾つかの旅館に分宿をした。高島さんはそのうちの一つ千代の湯にいた。引率担当の柳内達雄先生は綴り方の指導に熱心だった。彼は担当する学童を「鉛筆部隊」と名づけていた。

この葉書にもこの部隊の名を刻んだ四角いハンコが捺《お》してある。

さて、その葉書の文面である。

おばあちゃん、お父さま、お母さま元気ですか。

私も魚のやうにぴんぴんしてをります。今まで千代の湯に航空兵の方、六人いらつしやいましたが、五人は先にどこかにいらつしやつて、その次に九州にいらつしやつてどこかの海に航空母艦がいたのでたいあたりをしたのです。千代の湯にいらした方五人としやうこうさん、三人に大尉さん一人に、兵長さん一人に十人航空母艦を十艦やつつけたのです。のこつていらつしやる時枝軍曹さんは、飛行機の都合でいかなかつたのですが、今日飛行機が少しこはれていたつて、いつてしまふからかへつていらつしやらないとおつしやつたので、お別れなので時枝さんは、自動車で私たちにみんなみえなくなるまで手をふりました。あんなせんかはさうたうなものなのでびつくりしました。今までやさしくしてくださつた兵隊さん、靖国神社にまつられるのです。　さやうなら。

高島千恵子さんは小学校四年生である。彼女は大きな事件に遭遇した。それを自宅に知らせようと懸命に書いた。きっと彼女の頭も混乱していたのだろう、出来事をいっぺんに書いているのでわかりにくい。整理してみよう。

まず、彼女らはここに滞在していた航空兵と一緒に生活をしていた。この隊は武剋隊である。構成員十五名のうち千代の湯には六人が泊まっていた。そのうちの五人が先に出発した。他の宿にいた廣森隊長を含む四人と合流し、九機で発った。沖縄中飛行場まで飛んでこの九機にもう一機が加わって、三月二十七日未明、沖縄慶良間列島《けらまれっとう》沖に浮かぶ敵艦船に突撃を敢行した。前に書いた通りである。

この事実を高島さんは翌二十八日に知っていた。ラジオで知ったのだろう。

「あの人たち特攻隊員だったんだよね。びっくりしたなあ！」

学童らは一月あまりも若いお兄さんたちと生活をしてきた。何か特別の任務を帯びた兵隊たちだということはうすうす知ってはいた。ところが、特別攻撃隊員だということは考えもつかなかった。ニュースを聞いて知り、誰もが驚いた。

先に行ったのは出戸《でと》栄吉軍曹、今西修軍曹、大平定雄伍長、嶋田貫三伍長、今野達郎軍曹の五人だ。その後を追ったのが時枝《ときえだ》宏軍曹だ。搭乗する飛行機の整備が間に合わず遅れての出発だ。今度は事情がわかっているから、学童は全員で軍曹の車を見送った。四十数名の学童が集まった。車に乗るときに飛行服に身を固め、白いマフラーを巻いた時枝宏軍曹は、

「みんな元気で、しっかり勉強をしろよ……」

こう言って挙手の礼をした。終わると彼は車に乗り込んだ。

「時枝さん、元気で！」

みんな手を振る。が、別れはあっけない。時枝さんを乗せた車はまたたく間に見えなくなった。子どもたちはほろほろと涙を流す。

（二）武揚隊五来軍曹の手紙

時枝さんが立ち去って数日経った。

「今野さんからの郵便だ！」

「あっ、今西さんのもある」

「五来軍曹って誰？」

子どもたちは騒ぎ始めた。まず今野軍曹の手紙に泣いた。

「兵隊さんも元気でいよいよ明日出撃であります。必ず敵艦を撃沈させますよ。みなさんがこのたよりをみているころは、兵隊さんはこの世の人ではありません。つぎの世を背負うみなさんがいるので、喜んで死んでいけます……」

次の今西軍曹の手紙ではハンカチがもうぐしょぐしょになった。

「われわれも命令により、ただいまより沖縄に向かつて出撃します。〇〇では、道ばたにれんげや菫の花が美しく咲き、桜も咲いてゐます。桜をひとひら同封します」

今野軍曹と今西軍曹は武剋隊の先発組だ。地名を伏して〇〇と書かれているが、このときに熊本健軍飛行場に着き、三月二十五日はここの司旅館に宿泊している。そこから出された手紙である。

鉛筆部隊宛の手紙は彼らの出撃後三通届いている。この手紙は、戦時中に記事となっている。昭和二十年五月六日号『週刊少国民』だ。タイトルは「神鷲《かみわし》と鉛筆部隊」。トップには鉛筆部隊の学童と六名の特攻隊員が写っている。記事は青少年向けのものとして記者が書いている。皇国少年、少女の戦意を鼓舞する書き方だ。その末尾はこう結ばれている。

『兵隊さんは散っても體當りの精神はなくならない』さうだ。その精神は時代を背負ふ少國民の血の中に流れ続けて、米英の息の根を斷ちきらずにはおかないのです。千代の湯の學童たちは朝に晩に、勇士の思ひ出を語りあひつゝ、神鷲に続く決意を固めてゐるのです。

学童たちは特攻隊員と生活をともにした。そして、その彼らからお別れの手紙が来た。望んでも望めない結末だ。記事にけりをつける、このための手紙は欠かせない。

「兵隊さん、ぜひこの学童たちに手紙を書いてくださいよ」

記者が彼らに手紙を頼んだのだろう。それで今西軍曹と今野軍曹は応えた。時枝軍曹も頼まれていたが、彼は手紙を書かずに僚友に言づてを託した。このことがなければ武揚隊のことは明らかにならなかっただろう。彼の代わりに武揚隊の五来軍曹がこう書いた。

……みなさまといつしよに山登りをし、お話して楽しく遊んだ出戸・今西・大平・嶋田、今野らは、すでに敵艦に体当たりをして、勇ましく花と散っていきました。

時枝軍曹も本日十五時三〇分、にくい米英を撃たんがために勇ましく基地を飛びたちました。新聞をよくみていてください。必ずや大戦果をあげることでしょう。時枝は出発の際までみなさんと楽しく遊んだことを非常にうれしく、千代の湯の鉛筆部隊のみなさんに元気でいったとお伝えしてくれとたのまれて、おたよりをさしあげたしだいです。自分は同じ任務についている武揚隊の五来軍曹です。富貴の湯にとまっていました。みなさんはいつしよに遊んだ兵隊さんの精神をうけついで、いよいよ元気にがんばつてください。兵隊さんは散つても、魂はいつもみなさんの幸福を祈つています。さようなら。

五人に続いて、時枝宏軍曹も出撃して戦死したとの知らせだ。昭和二十年四月三日、九州宮崎の新田原飛行場から六機で出撃して行って亡くなった、特攻戦死である。その時枝軍曹に代わって手紙を書いたのが武揚隊の五来軍曹であった。

私が武揚隊という名前を、そしてこの隊が富貴之湯旅館に滞在していたことを知ったのはこの手紙によってだ。先ほど述べた鉛筆部隊の学童たち、彼らは武剋隊の兵隊と一月あまり生活をともにした。それで子どもたちは、大平伍長がひょうきんであること、今西軍曹がとてもまじめな人であることを知った。兄貴のような彼らに深い親しみを覚えていた。

この武剋隊の隊員たちは命の浄化をした。これからを生きていく子どもとふれ合って生気を取り戻した。温泉に子どもと一緒に入って歌をうたい、女児と互いに手をつないで散歩に出たりしていた。一たび命令が下れば彼らは死地に赴く。しばしの安らぎだった。

学童と兵隊たちがふれ合っていた。このことから容易に想像がつくのは、富貴之湯旅館でも同じようなことがあったに違いないということだ。このとき浅間温泉には二千五百名ほどの疎開学童がいた。富貴之湯にも学童がいたはずである。

その確認は簡単だ。「集団疎開宿泊所一覧」（『長野県教育史』第十五巻）を見ればいい。ここには、「富貴の湯　東大原校　１８７」とあった。百八十七名の学童がここに宿泊していたということだ。東大原校というのは東大原国民学校のことだ。東京の世田谷、代沢小と同じく下北沢の近くにある。

浅間温泉の富貴之湯旅館、ここは当時、浅間温泉でも一、二を争う大旅館であった。学童も兵士も軽く収容できるほどの大きさだ。当時の絵葉書が残っていてそれを見ると木造三階建てでいかにも大旅館という風格がある。

富貴之湯に東大原の学童が疎開していた。ここからが問題だ。疎開していた人を見つけなくては話は聞けない。疎開学童も老い衰えてきている。証言者を見つけて話を聞けるだろうか？

（三）新京に集結した特攻隊

今、特攻二隊、武剋隊と武揚隊のことを述べている。ところが最初にこの隊のことを聞き知ったときは謎だらけだった。その代表例として「黄色い布」がある。

代沢国民学校の疎開学童は浅間温泉の千代の湯で武剋隊の下士官と出会っている。このときのことをよく覚えている人がいると聞いた。それは立川裕子さんである。二〇〇九年の春のことだ。彼女は渋谷の日赤《にっせき》病院に入院していて、見舞いがてら会いに行った。

「私は千代の湯にいたときに今西修軍曹にサインをしてもらったのです。黄色の布、絹でできていました。それに長いお歌を書いてくださいました。あれは満州国皇帝から戴いた恩賜の煙草を包んだ布だと言っておられました……」

まずここで面食らってしまった。突然に満州国の皇帝が出てきたからだ。

「満州国皇帝といえば溥儀《ふぎ》ですが、その彼からもらったのですか？」

「今西さん、そうおっしゃっていました。だからずっとそれを大事に持ってました。でも私も歳を取ったのでいつまでも持っているわけにはいきません。それで、世田谷の平和資料室に寄贈したのです」

彼女は、千代の湯に来ていた特攻隊員に格別に可愛がられたようだ。今西さんの他には大平伍長からもサインを貰っている。

「大平さんから戴いたものは白いマフラーです。それに言葉を書いて下さったのです」

「そうなんですか。ぜひ実物を見てみたいものです……」

情報を聞き知った私は、すぐに平和資料室を訪ねた。そして所蔵品を見せてもらった。

まず、大平伍長のものだ。白い布地に「正しく伸びよ健やかに　陸軍伍長　大平定雄」と筆で記されていた。

次が黄色い布である。彼女がお歌と言ったのは漢詩文だ。「男児一期の会。／生還もとより期せず。／唯壮絶雄大／未だ嘗てかくの如きはなかりき……」と。自身が特攻で征くことに対する決意が強く述べられていた。その生地こそが恩賜の煙草を包んだ布、触ると柔らかい、絹である。その色は黄色だった。

「なぜ満州にいた彼らが信州山岳地帯の松本までやってきたのだろう？」

この謎を資料に当たって調べた。そうすると次のことがわかった。

まず戦況である。昭和二十（一九四五）年に入って悪化の一途をたどっていた。連合軍が次々に日本本土に近づいていた。

次なるものはこれを迎え撃つ作戦だ。それが「天号作戦」である。すなわち、「連合軍の日本本土進攻に対し、本土防衛作戦の一環として本土前縁で戦われた作戦」（『戦史叢書』）である。

具体的にどのように対処したのか？

「二十年二月天号作戦準備着手とともに大本営は師団に次のように特攻隊十一隊を配属した」。

そして、二月十日に「『と』第三十一、第三十二、第三十九、第四十二飛行隊」を発足させた。

「と」というは「と号部隊」のことである。すなわち、大日本帝国陸軍の航空機による艦船に対する特別攻撃隊である。「と」は特攻隊の略号である。

この「と号部隊」は数字番号で呼ばれているが漢字名称もある。第三十一は「武揚隊」、第三十二は「武剋隊」、第三十九は「蒼龍隊《そうりゅう》」、四十二は「扶揺隊《ふよう》」である。この特攻四隊は、満州新京で二月十日に発足していた。

すなわち、大本営は天号作戦に基づき、満州の防空に当たっている第二飛行師団に特攻隊四個隊の編成を一月二十六日に下命した。これを受けて、二月三日在満州の各教育飛行隊では特攻隊の選抜が行われた。その人員編成を終えて二月九日、満州新京に特攻四隊が集結してくる。

（四）元特攻兵との出会い

沖縄への特攻作戦は三月から始まり、内地や外地で多くの特攻隊が編成された。しかし、この作戦の先駆けであった新京発足の特攻四隊の扱いは別格だった。

一隊各十五名、都合六十名となる。隊員の数だけのドラマがあった。多くは特攻戦死した。が、大陸から沖縄までは遠い、目的地までたどりつけずに無念の撤退を余儀なくされた人もいた。そんな一人に久貫兼資さんがいた。

私が武揚隊のことを調べ始めたきっかけは、五来末義軍曹の手紙からだった。この彼のことを調べているときに情報を得た。知覧特攻平和会館の語り部峯苫真雄《みねとままさお》さんからだ。

「茨城県古河市《こがし》にお住まいの久貫兼資さんは扶揺隊の生き残りです。五来さんとは仙台で一緒でした。それと菅井薫さんが本をまとめておられます。題は『憧れた空の果てに』（鳥影社・一九九九年）と言います。これには新京で特攻四隊が発足するときのことが詳しく書かれています……」

本は、久貫さんの手記に基づいて書かれているという。その情報を得て、私は、『憧れた空の果てに』を手に入れ、読んだ。そして茨城県古河市《こがし》に久貫さんを訪ねた。二〇一二年四月のことだ。

「ああ、五来ね、水戸の向こうの久慈《くじ》から来ていたな。ここの古河で一緒になって、それから仙台に行った……あそこの仲間は、大勢特攻で亡くなりました……」

仙台というのは、仙台航空機乗員養成所のことだ。仲間というのは十四期生。仙台航養十四期は特攻兵を数多く輩出している。武揚隊では五来末義軍曹、吉原香軍曹、柄澤甲子夫伍長、海老根重信伍長の四人、もう一隊の武剋隊では、今野勝郎軍曹、嶋田貫三軍曹、出戸栄吉伍長、大平定雄伍長の四人である。

事前に『憧れた空の果てに』を読んで多くを知った。武揚隊、そして武剋隊、それと扶揺隊、蒼龍隊、これを新京発足特攻四隊という。久貫さんが所属していたのは扶揺隊だ。昭和二十年二月九日、四隊は新京に集結して、十日、十一日と編成に向けて盛大なセレモニーが行われた。各隊十五名、総勢六十名は、この間全員行動をともにしている。久貫兼資さんに会えばこのときのことがわかる。多くの質問事項を携えて面談に臨んだ。

「私が、航空養成所に入ったのはこの古河に養成所があったからです。ここで一緒だったのは武揚隊の吉原、五来、海老根、柄澤の四人だった。後になって仙台に統合されて移った……そう航養十四期だった……あれは確か昭和十九年七月だったか」

仙台航養を出た後、それぞれ兵科ごとに振り分けられた。それは戦闘、偵察、軽爆、重爆の四つである。久貫さんは「戦闘」要員として満州の平安鎮《へいあんちん》へ行かされた。第二十六教育飛行隊である。

一方、武揚隊の五来、吉原、海老根、柄澤の四人は九州菊池の教育飛行隊へ「軽爆」要員として行った。そして満州にやってきた。

「ああ、なるほど彼らは軽爆の乗員として養成されたのですね！」

「やつらは、私らのいる平安鎮の隣の平台の飛行場にやってきた」

第二十三教育飛行隊である。軽爆の訓練を経て満州にやってきた。十九年十二月のことだ。軽爆であれば機種が限定される。九九式爆撃機や九九式双軽爆撃機である。この教育隊には当該機があって、これに乗って猛訓練が行われた。

そして、運命の日が巡ってきた。昭和二十年二月三日、第二十六教育隊からは扶揺隊、第二十三教育隊からは武揚隊、武剋隊、それぞれ十五名の特攻要員が選抜された。

これらの隊員は皆本土から当地に来ている。

「どうして皆満州に行ったのですか?」

私はかねてより疑問に思っていたことを久貫さんに聞いた。

「まず、満州では燃料の石油がたくさんあったんだ。それと飛行機があった。本土には飛行機がないから練習が十分にできなかった。ところが平安鎮では飛行機が二人に一機あてがわれたんだ。そうするとどうなるか、一人当りの飛行時間が長くなる……」

飛行機乗りにとって飛行時間は重要だ、乗れば乗るほど練度が上がる。

「なるほどそうだったのですか。日本にはもう乗る飛行機がなかったのですね。だから行くときは船で行っていた……」

飛行機で行けばひとっ飛びだ。が、戦闘機はない。それで下関から関釜《かんぷ》連絡船で朝鮮半島に渡り、大陸へ向かっていた。そして愛機となる特攻機は皆、満州で手に入れている。

特攻四隊はその飛行機に乗って新京に集まった。

「二月十日に満州国皇帝に拝謁《はいえつ》されたのですよね……」

「うんそうそう……あの日はいろんなことがあった。確か吹き込みもあった……」

声の録音である。これについては『憧れた空の果てに』に詳しい。久貫さんの記録などをもとにしてまとめられている。

(五) 特攻兵の生の声

新京に集まった隊員は軍人会館に宿泊した。二月十日の朝、ここを出た各隊隊員は皆しっかりと軍装を整えていた。隊列を組んだ彼らは第八〇〇部隊司令部に入った。誰もが緊張している。多くが口の中でむにゃむにゃと呟いていた。暗記していた言葉を復唱していたのだ。これからここで録音が行われる。一人三分間ずつ、故郷への思いや決意を述べる、その吹き込みである。それは新京放送局から流されることになっていた。

以前、満州吉林省《きつりんしょう》で日本占領時代の古いレコード二千二百枚が発見された。劣化したこれを再現するのは困難だったが一部が復元された。その過程がＮＨＫ特集で放映された（『遺された声』～録音盤が語る太平洋戦争。二〇〇四年八月十四日）。私も、これを視聴していて覚えていた。ところが久貫さんからは意外なことを聞いた。

「あのテレビ放送はここで撮ったものです。同じ特攻生き残りの上村隆雄と菊田直治もいてレコードから拾われた音を聴いた。その場面をこの居間で撮ったのです……」

特攻四隊、各隊の六十人がレコードに吹き込んだ。ところが復元できたのはわずか二人だった。

「一人は吉原だった」

吹き込んだレコードでわずかに復元できたのは武揚隊の吉原香軍曹の声だったのだ。久貫さんはそれをテレビで見せてくれた。

この度、不肖吉原軍曹は、特別攻撃隊の一員として、郷土の皆様、ならびに家門ご一同様に一言述べさせていただきます。国語の先生、いろいろとご教訓ありがとうございました。小学校の皆様も一生懸命勉強して私たちの後に続いてください。皆様、きっと笑って艦船などに被害を与え、ご期待にそうべく頑張ります。ご両親さまなにくれとなくご心配をおかけしました。このご恩は決して忘れません……日の丸はちまき締め直しぐぅっと握った操縦桿、万里の怒濤、なんのその……よぅおうおお……ワシントン……終わり

六十数年経っているが人間の声というのは生々しい。吉原香軍曹がそこに生きているように感じられた。声がうわずっていて、ひどく上がっている様子が感じ取られた。このテレビに扶揺隊生き残りの上村隆雄さんと菊田直治さんも映っていた。久貫さんも含めて皆マイクの前に立って決意を述べたという。

このときの彼らの様子が『憧れた空の果てに』に記されている。「何か気持ちが落ち着かず特攻に飛び立つ心境や、家族に別れの言葉を吹き込んだものの、馴れない事とて言葉も言い詰まる所があり、思ったことの半分も言い残して終わってしまった」と。吉原香軍曹も全く同じだったろうと思う。

彼ら六十名は声の収録を終えて、十日午後にはいよいよ満州国皇宮に参内する。その時の様子を『満州日報』康徳十二年（昭和二十年四月三日）は記している。「皇帝陛下畏くも神鷲を御激励 親しく御握手を賜

ふ」と。

神鷲たちが関東軍各基地からその壮途にのぼるにあたり畏くも皇帝陛下には隊員の壮途御激励あらせられる御思召から特に接見御握手を賜ひ有難き御言葉まで賜つた、この日隊員はまづ建国神廟に参拝任務必遂を祈願、御神酒を戴いての参進、皇帝陛下には列立接見を仰せつけられ、親しく御握手あらせられ御激励の御言葉を賜はりつゝいで御酒御煙草を下賜あらせられた。神鷲たちは大東亜戦争寄せさせ給ふ畏き御殊遇にただ〇〇感激、任務完遂を改めて心に誓ひつつ退下したのであつた。

ここで隊員は参内し、多くの軍官界高官の居並ぶ拝謁の間で、ひときわ長身の体躯を軍礼装に包んだ満州国の溥儀皇帝陛下にお目にかかった。そして握手を交わしている。その拝謁の後に、皇宮への参内者として記帳を行った。このときに恩賜品《おんしひん》が下賜された。それが黄色の布に包まれた煙草であった。その後に帝宮にある建国神廟《けんこくしんびょう》、満洲国の建国の元神とされた天照大神を祀った廟に参拝した。

特攻隊の隊員が宮中に参内して陛下にお目にかかる。珍しい事例である。内地ではあり得ないことだった。

このことは重要である。戦闘機もろとも敵に突撃する。兵隊の生命の犠牲を前提としたのが特攻作戦だ。軍隊内部でも特攻隊編成に当たって激しい議論が行われた。「特攻隊を天皇の命令による正式に軍隊として編成するか」（『戦史叢書』）という問題だ。一方では「成果を発揮するには隊長の権限を明確にし、隊の団結、訓練を充実できるような正規の軍隊とする必要」があるという意見。それに対して、「技術、生産、教育等の不備を第一線将兵の生命の犠牲によって補うことを、特に天皇の名において命令することは適当でない。あくまで特攻志願者を第一線指揮官が活用することを建て前」とする意見。結局個別の志願を優先することとなった。それが志願表提出だ。「熱望」、「希望」、「不希望」とあったが、国のために率先して戦えと教え込まれていた兵隊たちは、「熱望」と書くしかなかった。久貫兼資さんは希望聴取の際、「絶対に征く」と答えたようだ。

（六）特攻隊の出陣

明けて二月十一日である。彼ら六十名は朝、関東軍司令部に出頭し、各四隊ごとに関東軍参謀竹田宮恒憲王殿下にこれから出撃するという申告を行った。

それに対して、「ご武運を祈ります」との言葉が掛けられた。

これが終わって飛行場に向かう。そしてここでまた式典が行われた。命名式である。誰がどのようなことを話したのかはわからない。が、代表者が壇上に出てきて、各隊の名を読み上げたものと思われる。このときのことを想像させる証拠品がある。これは武揚隊山本薫中尉の遺品として残っている。日の丸鉢巻だ。この真ん中には赤い布を丸く切って丁寧に縫い付けてある。そしてこの右に「武」とあり、左に「揚」と墨で書かれている。そして左に大きく署名がある。「陸軍大将　山田乙三」。関東軍総司令官である。本人が出席し、各隊の隊長に手渡されたものだと思われる。番号の若い順に各隊は呼ばれたのだろうか。

「武揚隊　と号第三十一飛行隊　山本中尉以下、十四名、使用機種九九襲」

十五名が前に進み出ていくと告げられた。このときに日の丸鉢巻が授けられたのだろうか。

以下、順次続く。

「武剋隊　と号第三十二飛行隊　廣森中尉以下、十四名、使用機種九九襲」

「蒼龍隊　と号第三十九飛行隊　笹川大尉以下、十四名、使用機種一式戦」

「扶揺隊　と号第四十一飛行隊　寺山大尉以下、十四名、使用機種九七戦」

これら命名が終わった後に配属先が告げられた。「以上、四隊ともに第八飛行師団に配属するものとする」と。特攻四隊は、通称号「誠《まこと》」、台北に司令部のある第八飛行師団所属となった。ここは台湾及び沖縄を含む南西諸島の航空作戦を担当していた。ゆえに彼らは台湾に向かうことになる。ところが南に向かわずにいったん日本に立ち寄った。そして中央山岳地帯の真ん中にある陸軍松本飛行場にやって来た。それはなぜなのだろうか。

これは特攻機の爆装《ばくそう》に関連する。爆装とは、通常戦闘機を特攻用の戦闘機に改装することを言う。二百五十キロや五百キロ爆弾を吊架《ちょうか》して飛行機は出撃する。また片道飛行ではあるが遠くまで飛べるように燃料タンクを大きくしたりする必要があった。そのために機体全体を軽くしなければならない。手順としては面倒なものであったがおろそかにできない。それで各隊はそれぞれに戦闘機を整備できる飛行場へ行くことになる。この特攻四隊の行き先についてはあらかじめ決めてあった。『戦史叢書』はこれを記録している。

四隊は二月十一日（旧紀元節）に関東軍総司令官山田乙三大将、第二航空軍司令官板花義一中将、関東軍参謀竹田宮恒徳王中佐らの臨席のもとに、新京飛行場で編成式を行なった。爆装は扶揺隊が奉天航空隊、他の三隊が岐阜の航空廠で実施した。

扶揺隊以外の三隊は岐阜の各務原の航空廠で機体改造を行う予定だった。それで本土に向かった。ところが不都合が生じてやむなく行き先を変更して、山中の松本に飛来してきた。一式戦闘機「隼」を駆っていた蒼龍隊はどこで爆装をしたかわからない。九九式襲撃機を搭乗機種としていた武揚隊と武剋隊は陸軍松本飛行場に来ている。一方、扶揺隊の九七式戦闘機は近場の奉天で爆装を施した。

なぜ特攻三隊は松本へ来たのか。

各務原は設備の整ったところだ。しかし、松本飛行場は昭和十九年末に開港したばかりである。戦闘機の整備を行うのに充分ではなかったはずだ。それが松本に飛んで来た。そして、偶然に当地の温泉に来ていた疎開学童と出会うことになる……。

第2章　新京から松本へ

（一）歴史的写真との出会い

武揚隊探訪行は、すべてが機縁、奇縁でつながっていく。

富貴之湯に疎開していた学童捜しは簡単ではなかった。ところがこれが筋違いで行き着いた。このことを調べに行ったわけではないのに思いがけず本命にぶつかった。

私はここ十数年、東京世田谷区下北沢近辺に住んでいる文化人の調査を続けていた。その一人に中村草田男がいた。「降る雪や　明治は　遠くなりにけり」と詠んだ俳人として知られている。が、今は明治はおろか昭和でさえとんでもなく遠くなってしまった。ところがこの俳人機縁で昭和はぐっと近づいた。

この草田男は、北沢四丁目に居住していた。かつては薩摩藩抱屋敷《かかえやしき》があったことから野屋敷と呼ばれていた。緑が豊かなお屋敷街だ。ここの篠山さんは、この俳人に家を貸していた。それで「家賃控え帳」があることを聞いていた。それを見てみたいと前から思っていた。幸いに紹介者がいて篠山さんに会うことができた。お宅に伺うと控え帳があった。見ていくと栗林忠道の自筆サインがあった。彼は激戦として名高い「硫黄島の戦い」における守備隊総司令官だった。篠山さんのところは静かな住宅街だ。が、ここには戦争の陰影がひっそりとある。すぐ側にはかつて長屋があって、ここで東條英機首相の奥さんのかつ子さんが亡くなったと聞いている。

篠山さんの家で「家賃控え帳」を見ているときに意外なことを聞いた。

「私の妹は東大原小学校の疎開学童で、確か富貴之湯旅館でしたよ」

「えっ！」

俳人探訪が思いがけない道を切り開いた。

「その旅館に来ていた特攻隊に出会ったような話は聞いています」

もうこうなると俳人の調査はそっちのけだ。

「ぜひ、ぜひ紹介をしてください！」

その場で熱望した。その願いはすぐに叶った。早速に、その妹さんである太田幸子さんを世田谷区下馬に訪ねた。

「その数はよく覚えていません、確か十数名おられたように記憶しています。旅館を出ていかれるときに壮行会を開いたように思います。その日だったでしょうか、寝ているときに起こされました。『自分たちはこれから戦場へ行くけど、きっと敵を打ち破って勝ちます。後のことはよろしく頼みます』みたいなことを言われました」

「ああ、それはきっと武揚隊ですね。その兵隊たちのことを覚えている人はいませんか？」

「私たちの部屋は大部屋でしたからあまり接触する機会はなかったですね」

富貴之湯の大広間、そこは宴会場である。当時の写真を見ると舞台もあった。壮行会はそこで開かれたようだ。

太田幸子さんが、このときに一枚の写真を見せてくれた。

「こんなのがあるんですか！」

私はびっくりした。彼女が取り出した写真には疎開学童の女児三十人ほどと六人の兵隊が写っている。そのうち一人は飛行帽に飛行眼鏡をつけている。戦闘機乗員に違いない。

太田さんも写っている、一人の兵隊が彼女の肩に手を掛けている。

「これは誰なのかわかりますか？」

「戦争と平和展」松本博物館

「いえ、それはわかりません」

写真の裏側には、「昭和二十年二月　浅間温泉疎開地ニ於テ特攻隊ノ兵隊サン達ト」と書いてある。

「これは富貴之湯ですよね」

「はい、庭で撮ったものです」

写っている女児は東大原国民学校の学童である。その子たちと兵隊たちとが一緒に写っている。滞在していた特攻隊の兵隊たちに違いない、歴史的な記録写真との出会いだ。

それから数年後、二〇一二年八月に松本博物館で

「戦争と平和展」（松本に来た特攻隊）が催された。このときにこの写真が使われた。松本城の側にある博物館の玄関にこれを大きく拡大した写真が掲示してあって心底驚いた。陸軍松本飛行場にやって来た特攻隊と疎開学童とが一緒に写った写真である。平和展のポスターにもなって広くこれが社会に知られるようになった。埋もれていた戦争史の一端を証すものだ。

（二）吉原香軍曹の宙返り

太田幸子さんが覚えている富貴之湯での話である。

「何しろ時が経ちすぎてしまい記憶もはっきりしなくなりました。それでもしやと思って当時の手紙があるものですからそれを調べてみました……」

昭和二十年三月三十日に下北沢の自宅に彼女は手紙を出している。これには出来事が記録してあった。三月二十八日の記述だ。

今日は午前中整理整頓があつて荷物をきちんとした。午後吉原さんが飛行機で富貴の湯の上を飛んだ。ちゅうかへりもした。

なんということもないが記録としては大事だ。ここでいう吉原さんというのは武揚隊の吉原香軍曹である。彼が搭乗している機は九九式襲撃機である。陸軍飛行場で訓練をしていたが抜け出して浅間温泉上空まで飛んで来た。そして旅館の上で宙返りをしてみせた。疎開学童へのデモンストレーションである。

「吉原さん富貴之湯まで飛んで来て宙返りしてよ」

学童の誰かが頼み込んだのだろう。学童たちは兵隊たちと仲良くなって「宿まで飛んで来て」と気安くねだってもいた。

この太田さんの記述からわかるのは、この日吉原さんは当地にいたということだ。武揚隊の兄弟隊、武剋隊は前半組と後半組に分かれて松本を発っている。この期日はわかっている。ところが、武揚隊の方は全く記録がない。しかしこの記述から少なくとも二十八日までは旅館に滞在していたことがわかる。おそらくこの後だろう、滞在が長引いていたがやっと松本を発つことができた。そして各務原を経由して九州新田原へ飛んだ。

五来軍曹は、四月三日に武剋隊の時枝宏軍曹が出撃したのを見届けている。遅くとも二日には武揚隊は新田原に着いていたと思われる。

富貴之湯に疎開していた太田幸子さんと出会えたのは幸いだった。芋づる式という言葉がある。一人の疎開学童との出会いが手がかりとなって秘められた歴史が次々に紐解かれることとなった。

「富貴之湯で私は大部屋にいました。小さな部屋にいた子たちもいて、その人たちは特攻隊の人たちととても親しくしていました。その一人に秋元佳子さんという人がいます。彼女は当時のことをよく覚えています。今は中野区南台に住んでおられます……」

この地名を聞いて因縁を思った。私はこの南台にある学校に三十年間勤めていた。懐かしい地名だ。これがとある思い出を喚起した。社会学習で学校近隣のお年寄りに生徒と一緒に話を聞きにいった。これは鮮明に覚えている。

「五月の空襲に遭って家が焼けたのです。避難先が明大前でした。そこでのことなんですけど……」

そこまで話をすると彼女は涙を流し始めた。そして切れ切れにこう語った。

「大家の奥さんがやって来て飛行機が飛んで来るというのです。息子さんから電話があったらしいのです。南の方に出撃していく途中に家の上を通るからと。私たちは日の丸の旗を持って待っていました。すると本当に戦闘機が飛んで来ました。それが屋根すれすれに何度も旋回するんですよ。翼の日の丸も、そしてお顔もはっきり見えました。『やっちゃん！』とそのお母さんは泣きながら何度も叫んでいました。そして最後には翼を振って行ってしまいました……あのとき私は二十歳でした。あれほど悲しいことはありません……」

特攻機のことを身近に聞いたのは初めてだった。生身の人間が乗っていて、それが敵の艦船に突撃していく。その話は深く記憶に刻まれたことだ。

そんな自分がいつの間にか特別攻撃隊のことを調べ始めていた。いったん関心を持つと夢中になるのが私だ。太田幸子さんは、こちらのその熱意に気持ちを動かされたのか友人の秋元さんを紹介してくれた。

早速その秋元佳子さんから話を聞いた。記憶は人それぞれだ。昔をぼんやりと覚えている人、驚くほど鮮明に覚えている人と分かれる。秋元さんは後者だった。

「ハセガワさんの名はマフラーに赤い糸で刺繍《ししゅう》されていました。お母さんが縫ってくれたと言っていました」

この彼女から聞いたハセガワさんの話が思いがけない発見に繋がった。その話は後ですることにして、まずは隊長の印象である。

「隊長の山本中尉さんはとてもしつけが厳しい人でした。部下には『情が移るから子どもたちとはあまり親しくするな』と言われていました。小さな子、下は三年生でした。『おじちゃん遊ぼう』と寄っていくと突き飛ばしていました……」

二十三歳は指導が厳しかった。しかし、この話だけで判断するとなんとまあひどいことを、で終わる。しかし、これは隊長の一断面に過ぎなかった。

浅間温泉滞在時に隊長はどう学童らと接していたかというのは興味深い。山本薫中尉は厳しかった。一方武剋隊の隊長はこれとは好対照だった。学童の証言だ。

「廣森隊長は『めんこい仔馬』が大好きで、この歌が始まると一緒になって踊っていましたね」

浅間温泉目之湯《めのゆ》に廣森隊長は泊まっていた。ここに疎開していたのが東京世田谷の駒繋《こまつなぎ》国民学校の子どもたちだ。隊長は学童たちに人気があったようだ。

（三）特攻機と整備兵

武揚隊と武剋隊は陸軍松本飛行場に飛来してきた。両隊には深い関係があった。まず隊長同士の結びつきである。二人とも陸士五十六期生で年齢は同じだ。昭和十六年六月一日に埼玉県豊岡の陸軍航空士官学

九九式襲撃機

校に入学している。そして、昭和十八年五月に卒業した。

この後、四つの飛行分科に振り分けられる。戦闘機は明野、軽爆は鉾田、重爆撃機は浜松、通信は水戸である。この二人は二番目だ。すなわち襲撃分科である。その三十名の一員として鉾田陸軍飛行学校原ノ町分教所に入校した。ここでの使用機種は軽爆、つまりは九九式襲撃機や九九式双軽爆撃機だ。これに乗っての実戦訓練である。六ヵ月間みっちりと操縦の腕を磨いた。この後、大陸に渡り朝鮮平壌にいて、その後、満州平台の第二十三教育隊に移り、ここで武揚隊、武剋隊の隊長に抜擢された。

特攻四隊は満州新京で発足するが、この二隊はとりわけ関係が近かった。教育隊も同じ、襲撃分科であるゆえに機種も同じだ。彼ら二人は陸士卒業後、軽爆に振り分けられたがこれによって運命はほぼ決まった。軽爆の代表機種は九九式襲撃機だ。彼らはこれの操縦要員になった。

襲撃機というのは聴き慣れない、この九九式襲撃機は昭和十四（一九三九）年にデビューした機だ。軽爆撃機であり、戦闘機でもある。両者の合成だと言ってよい。複座の単発機で二百キロ（五十キロ×四発）の爆弾が搭載できた。

特徴は操縦が容易で、低空での運動性能に優れていた。敵飛行場への急降下爆撃を行ったり、戦車を超低空で攻撃したりできる高性能機だった。反面弱点があった。飛行中に脚を引き込まない固定脚で、飛行最高速度は時速四百二十五キロ。戦闘機としては速度があまり出ない機ゆえに敵の戦闘機の攻撃には弱かった。

この飛行機は中国大陸に多く配備されていた。中古機だが本土には残存飛行機は少ない。訓練するのに燃料も十分ではなかった。それでこの二人は燃料が豊かで飛行機も多い大陸に転任となった。

特攻四隊は二月十一日、新京飛行場で命名式が行われた。その後各隊はあらかじめ定められたところに爆装改修に向かう。扶揺隊や武剋隊の経路などについては記録されている。しかし、武揚隊の記録はない。『開聞岳』（飯尾憲士著・集英社・一九八五年）という本がある。これに武剋隊の整備員として付き添った佐藤喜代人曹長が経路の記録を残している。武剋隊と武揚隊、両隊は訓練飛行場、また機種も同じことから満州から松本まではおよそ同一のコースをたどったものと考えられる。

記録によると、新京飛行場を飛び立った隊は「白城子《はくじょうし》平台飛行場に集結」したとある。各務原へ向かわずにまた再び満州の奥に向かった。ここは特攻二隊の古巣である。いったん立ち戻ったという点は重要である。

何のためなのか。二月十一日、命名式と同じ日に機付き整備員が緊急に任命されたという。武剋隊の佐藤曹長らの原隊は敦化飛行場だったようだ。ここで整備班に任命された。これらの整備員はおそらく満州各地の飛行場から集められたのだろう。彼らは平台飛行場に輸送機などで運ばれてここに集結していた。その彼らを迎えに戻ってきた。

整備班の構成である。武剋隊の整備班長は伊東実少尉である。機械係は佐藤喜代人曹長、この二名に加え、機付の整備員が十三名いた。全部で十五名だ。武揚隊にも同じ構成の整備員がついた。武揚隊の整備の長は村上少尉であることがわかっている。彼らの乗機は九九襲で複座、後部に偵察員席がある。整備員はここに添乗して沖縄や台湾まで飛んだようだ。それにしても一機に一名の整備員が乗務するというのは破格である。

昭和二十年四月五日、埼玉県桶川《おけがわ》陸軍飛行場を十二機の特攻機が飛び立った。第二十三振武隊の場合、これに添乗した整備兵は六名だった。そのうちの一人の柳井政徳さんには直接取材をした。彼は最前線まで行かずに途中山口県小月《おづき》飛行場で下りたという。これと比べると格段の差がある。大本営指令によって第二航空軍で編成された特攻四隊には各機に一名ずつ整備員が当てがわれていた。

新京編成の特攻隊についた整備兵も特別なプライドを持っていた。これについて興味深い逸話がある。武剋隊所属の彼らは浅間温泉の東山旅館に宿泊していた。ここの仲居《なかい》として勤めていた青木孝子さんから取材をした人がいる。郷土史研究家川村修さんである。この聞き取りによると彼らは別格扱いで特別献立を供されていた。戦後六十七年経って彼らは特攻隊員ではなく整備員だとわかった。それを当事者の青木孝子さんに川村さんが伝えると全く信じなかったという。

機付き長というのは専属の整備兵でその機のすべての癖を知っていた。可愛がった分、愛着があった。自分が手掛けた機は彼らには愛機だった。手塩に掛けた機である。「愛機とともに、敵艦に突入できるならば本望だ」と。機とともに散る覚悟だった。出撃基地に着いたときに廣森隊長に一緒に出撃したいと申し出た。が、彼は「原隊に帰れ」と言った。台湾まで付いていった武揚隊の整備員も「満州から寝食をともにしてきた」機にはひときわ深い愛着があっただろう。

白城子に戻った二隊は、二月十四日まで三泊し、着任した整備員によって機体は整えられたようだ。そして、ここ平台飛行場を相次いで発った。飛び立つとき彼らの仲間がこの二隊を見送っただろう。

（四）大陸から日本へ

飛行場は真っ白だった。厳寒のここで過ごしたことが隊員には懐かしく思えた。手を振って別れを告げる。飛び立てば二度とここには戻ってくることはない。雪原を飛んでそして、新京の皐新《ふしん》飛行場に着いた。記録によると武剋隊は予備機を含めて十六機だった。中古機ゆえに故障の可能性も高い。それで予備機をつけたのだろう。武剋隊がそうであるならば武揚隊も同じだったろう。

新京から各務原に向かうが二隊一緒で編隊を組んでということはあり得ない。それぞれに飛び立って各務原へ向かった。九九式の航続距離は一千キロ強ぐらいである。本土までは経路途中の飛行場に立ち寄りながら飛び石伝いに飛んだ。

武剋隊の場合は、平壌、大邱《たいきゅう》、この後は大刀洗《たちあらい》飛行場に寄る予定だったが、天候悪化で宇佐《うさ》飛行場に編隊の一部は着陸し、残機は大刀洗に行った。そして、二月十八日に各務原飛行場に着陸している。

本土へのコースは大邱から大刀洗というのが定番のコースだったようだ。大陸から本土への飛行は隊員の誰もが格別の思いを抱いた。扶揺隊の久貫さんの思いも記録されている。

彼は操縦席の窓に玄海灘に浮かぶ壱岐《いき》の島影を認めた。その先遙か前方水平線上に九州の陸地が横たわって見える。その姿がくっきりとして来る。入り組んだ海岸線と波打ち際の白い泡立ちが綺麗に見え箱庭でも見ている思いである。博多湾を丸く包み込むように細長く突き出た島の中程に雁の巣飛行場があった。海軍の基地である。福岡上空に入った。とうとう国に戻ってきた。俺（久貫）はこの祖国を護らんが為に帰って来たんだぞと思いを新たに、大きい福岡の町並みを通過し高度を下げながら直進……

（『憧れた空の果てに』）

隊員は大陸へ渡るときは関釜連絡船などの航路で渡り、汽車で満州の基地に向かった。が、帰りは愛機での故国への帰還である。本土の山並みが視界に入ったとき、切ない気持ちがこみ上げてきたであろうことは容易に想像できる。「祖国を護らんが為に帰って来た」若い彼らにその思いは一入《ひとしお》だったと想像される。

飯沼芳雄伍長、九九式襲撃機

武揚隊もやはり大刀洗に寄った。隊員の飯沼伍長にとっては懐かしい飛行場だ。彼は少年飛行学校生として大刀洗陸軍飛行学校に入学し、ここで訓練を受けていた。それゆえに博多湾はひときわ懐かしい光景だった。大刀洗飛行学校では助教の体験談を聞いていた、

「操縦桿の引き起こしが遅れて危なく舞鶴に突っ込むところだった」と。博多湾はその形が羽を広げた鶴に見え

ることから「舞鶴」の呼び名があった。彼もその湾を初めて目にしたときは心がもぎ取られるほどの感動を覚えた。

大刀洗から各務原まではおおよそ七百五十キロ、ひとっ飛びだ。瀬戸内海上空を通っていく。武揚隊の隊員にはここに故郷を持つものがいた。隊長の山本薫中尉だ。彼は徳島県勝浦郡小松島町出身、常日頃淡路島《あわじしま》の島影を見て育ってきた。眼下にこれが見えてきたときは心がつぅんとしてきて目頭を刺激した。

「また西下するときにはなんとしてでも故郷上空を通って行きたい」

懐かしい故郷の山河を死ぬ前に焼き付けたい。彼はそう切に願って淡路上空を過ぎていったことだ。

（五）各務原飛行場へ

武剋隊は十八日に九州を発っている。途中、伊吹山《いぶきやま》を通過するとき吹雪に遭ったというが、その悪天候を衝いて飛行場に無事に着いた。武揚隊も同じ頃に着いたと思われる。しかし、なぜここ各務原かという問題はある。

日本陸軍の特攻隊員で、知覧特攻平和会館の初代館長を務めた板津忠正さんは、二〇一五年四月六日、九十歳で死去された。私は、生前の板津さんに「なぜ武揚隊と武剋隊は各務原に来たのか？」と質問をしたことがある。すると九九式襲撃機を特攻機として使っていた第七十二振武隊の例を出された。この隊は「爆弾を搭載するための整備に機を製作したところにへ飛んで来た」のだと言う。大きな手がかりだ。爆装改修をするために機を製作した所に戻って行ったということである。各務原飛行場には、三菱重工業名古屋航空機製作所各務原格納庫や陸軍航空廠《こうくうしょう》があった。改修を行うには万全であった。

調べてみるとこの第七十二振武隊は確かに各務原に爆装改修に来ていた。時期は三月下旬で、機数は十二機と少ない。武揚隊や武剋隊よりも一月遅い。しかし改修が行えたということは、当航空廠がかろうじて稼働していたことを示唆《しさ》するものだろう。武揚隊、武剋隊が着いた二月二十日頃とでは事情が異なったのだろう。各務原での爆装改修を予定していた二隊はこれを変更し、二十日にここを飛び立ち、内陸部の松本飛行場に向かった。武剋隊整備兵の佐藤喜代人曹長はその理由をこう記している。

岐阜の旅館に泊まって、毎日通いながら整備する予定でしたが、名古屋の空襲が激しく、各務原に危機が及ぶのを察した廣森隊長は長野の松本飛行場で爆装する決心をされ、二十日離陸し、積雪の松本飛行場に降りて、航空分廠に整備を依頼されました。

昭和十九年（一九四四）年七月、サイパン島などマリアナ諸島は敵に占領され、ここから大型爆撃機B29が本土に飛来してくる。真っ先に狙いを定めたのは航空機産業である。この年の十一月二十四日東京の中島飛行機は百十一機によって襲われ、また、翌十二月十三日、名古屋の三菱重工業名古屋発動機製作所にも九十機が飛来してきて大きな被害を受けた。この名古屋地区には、一月には九回、翌二月には五回、B29が飛来してきている。中京工業地帯の中心となる名古屋は大型爆撃機の常襲地帯となっていた。名古屋に近い陸軍各務原飛行場にも空襲が及ぶ危険は高い。爆装改修には時間がかかる。場合によってはこの間に虎の子である戦闘機が爆撃されるおそれがある。制空権は既に敵の手に落ちていた。そういう状況を総合的に判断して松本へということになったのだろう。

一方、中国大陸の奉天《ほうてん》で爆装改修をしたのは久貫さんたちの扶揺隊だ。乗機はキ27、九七式戦闘機、老朽機は部品を交換してもすぐ次のところに故障が発生するほどだった。ところがそのポンコツ機に新たに過重な負担を強いる指示があった。

扶揺隊の隊長は寺山大尉である。二月十九日のこと、彼から次のような指示があった。

> 第八飛行師団の指令伝達により、台湾の第八飛司令部出頭指令は変更となり、九州新田原に進出し、第八飛参謀の指揮下に入る事となった。敵の進攻目途は台湾より沖縄或いは九州地区への公算大となった為だろうと思われる。次いで五〇〇キロ爆弾を懸吊するので操作を誤らぬよう慎重な操作を行うようとの注意が出された。
>
> （『憧れた空の果てに』）

戦況は刻々と変化していた。当初、敵は台湾へ進攻するものと予測されていた。が、どうやら沖縄、そして九州に直接攻めてくるらしい。それで台湾への出頭は変更され、誠隊には新田原への集結が指示された。つまり第八飛行師団の参謀が新田原まで出向いてここからの特攻出撃の采配《さいはい》をするということだ。もう一つここで重要な指摘がある。特攻機への爆弾懸吊《けんちょう》のことだ。特攻機は普通は二百五十キロ爆弾を抱えていく、それを五百キロにしたという。火薬が倍になれば突撃効果は倍にはなるが、機体はそれだけ重くなって操縦は難しくなる。扶揺隊の九七式はただでさえ故障がちだった。その上、重い爆弾の吊架は一層の負担になり、爆装改修作業は難渋したという。

特攻二隊、武揚隊と武剋隊にも、やはり積載爆弾の重量増加の指示があった。これが原因で松本滞在が長引いたという。このことは後で触れよう。

一方久貫さんたちの扶揺隊は、奉天での爆装改修をなんとか終え、三月八日には九州大刀洗飛行場に着いた。このときにこう記録している。

第八飛行師団より派遣され、と号隊掌握展開促進中である川野参謀の指揮下に入ったが、第二航空軍より飛来配属と号隊は我が扶揺隊（誠四十一飛行隊）のみとのこと、先に我が隊より早く内地に発進した武揚隊（誠第三十一）、武剋隊（誠三十二）の同期生達や蒼龍隊（誠第三十九）はどうしているのか、内地での航空廠で爆装改修するという事だが、改修作業に手間取っているのであろう。

（『憧れた空の果てに』）

二月に入って第八航空師団は天号作戦の準備を始めていた。中央から配属された特攻隊の到着を待ちわびていた。ところがこれが来ない。それでしびれをきらして川野参謀を内地に派遣した。大刀洗でやっと捕まえることができたのが扶揺隊であった。九州に到着しているのはこの誠四十一飛行隊だけであった。これは『戦史叢書』の記述と一致する。

川野参謀は三月初め臺北を出発し、まず新田原に飛んだ。当初は新田原を根拠にして、掌握に努める予定であったが、同地では一隊も掌握できず、大刀洗に「と」第四十一飛行隊がいただけだった。

爾後大刀洗、明野、松本等の基地を回り、三月十日に立川に着陸した。それまでに「と」第三十二廣森隊等の数隊を掌握し、それぞれに新田原に前進集結するよう指示した。

川野参謀は三重県明野《あけの》飛行場、長野県松本飛行場を回った。後者への来訪は三月八日、九日頃であったろうと思われる。

（六）新造の松本飛行場へ

敵機動部隊が刻々と沖縄に近づいている。ところがこれを迎え撃つ特攻隊が九州には来ていない。理由は本土が重爆撃機によって攻め込まれていたからだ。武揚隊、武剋隊は各務原で爆装改修を行い、すぐに九州に向かう予定だった。ところが名古屋空襲で当地での改修は難しい。そこで予定を変更し、松本飛行場に向かうことにした。しかしこれも容易ではなかった。二月十八日に名古屋に着いて、松本に向かったのは二十日である。一刻も早く対処せねばならないのに各務原で二日も滞在する結果となった。移動が容易ではなかったのだろう。この空白の二日間のことはわからない、想像を巡らす他はない。

考えられることは第八航空師団との連絡調整、岐阜航空工廠との交渉、現地飛行場との連絡などだ。細かいところで言えば浅間温泉組合との交渉もあっただろう。

当初の計画通りなら特攻四隊のうちのもう一隊、蒼龍隊もここ各務原で爆装改修を行うはずだった。都合三隊、四十五機である。戦況が悪化してきている中でこれはもう困難だったのではないか。

廣森隊長が松本移動の理由に挙げたのは「名古屋の空襲が激しい」ことだ。これによって各務原に類が及ぶ可能性があるというのだ。これも一つの理由ではあるが、もうこの時期、各務原には四十五機を爆装改修する能力がなかったことも大きいのではないか。この爆装改修は言わば、母港寄航である、各務原にいる三菱重工の技術者を当てにしていた。ところがここには大きな変化が生じていた。

名古屋の三菱重工業は昭和十九年十二月、二度の災難に見舞われていたのだ。まず十二月七日に激震、東南海大地震に襲われている。続いて六日後の十二月十三日、大型爆撃機Ｂ29により、日本の航空用発動機の四割以上を生産していた三菱重工業名古屋発動機製作所大幸工場が空襲を受けた。空襲と地震とで大きな被害を受けている。年が明けても空襲は続いた。操業が困難になってきて、三菱重工業は二月に工場を分散疎開することに決めている。松本はその疎開先の一つである。新しくできた松本の航空分廠に技術者が移っていたのではないだろうか？

各務原に滞留していた特攻二隊、武揚隊、武剋隊は、松本への移動を決めた。が、判断する際、一番の難点は設備と技術者のことだった。しかし、これらも現地とのやりとりでメドが立ったものと思われる。残るは宿舎の問題だ。現地からは近隣の国民学校が宿舎として使われているとの情報があった。

「お国のために自分の身体を擲《なげう》って特攻に行くという隊員に、学校で雑魚寝《ざこね》とはあまりにもかわいそうだ。松本近くに浅間温泉があるじゃないか！」

「あそこは東京世田谷からの二千五百名ぐらいの疎開学童が来ていてほとんど旅館は埋まっているのです

浅間温泉 全景絵はがき富貴の湯より

よ」

「お国の大事が先決だよ。子どもだったら少し詰めてもらって、そこに隊員を割り込ませればいいんだよ……」

そういうやりとりがあったかどうかわからないが、特攻隊、整備兵をひっくるめて六十名という人数をあらかじめ伝えないと、向こうでも割り振りに困る。軍と旅館関係者との打ち合わせは間違いなくあっただろう。

技術者や工員の確保、そして宿舎の手配もようやく完了した。二月二十日、特攻二隊は相次いで各務原を飛び立ち、雪の陸軍松本飛行場（神林《かんばやし》）に降り立った。どのぐらいの積雪があったのかわからない。戦闘機は編隊を組んでやって来ただろうと思われる。着陸に支障をきたすということで除雪がされたのかもしれない。今のような便利な除雪車はない。雪かきは人海戦術で行われた。近隣から住民や生徒を集めて行ったのではないか。

事前の打ち合わせによって隊員の宿舎が決められたようだ。わかっているところでいうと武剋隊の将校が目之湯、軍曹クラスが千代の湯、伍長クラスが梅の湯、それと整備員は東山温泉である。一方武揚隊は富貴之湯一館である。整備兵がどの旅館に泊まったのかは不明である。

飛行場から浅間温泉へはどう行ったか。彼らは当地に滞在してこの飛行場と温泉との間を往復することになる。この行き来については意外なことからわかった。先に武剋隊の佐藤曹長のことを紹介したが、私はこの人の手紙を偶然手に入れた。その中にこういう記述がある。東山旅館に泊まっていた彼は「毎日松本飛行場に電車汽車で通いました」と書いている。このときに隊員の時枝宏軍曹と一緒になってよく話をしたとある。とすればまず、飛行場からは村井駅まで歩き、ここから篠ノ井線で松本へ出る。ここで乗り換えて松本電鉄浅間線の電車に乗って温泉に向かう。到着した日は雪だった。車では無理でおそらく電車汽車で向かったものだろう。

これによって思いがけない幸運を掴《つか》んだのは武揚隊の飯沼芳雄伍長である。もう二度と故郷松本に帰ってくることはないと思っていた。ところが急に予定が変更になって松本飛行場へ飛ぶことになった。十八年夏に大刀洗から故郷に戻って田川小学校の同級生たちと出会いもした。その時は名古屋から中央本線の汽車だった。ところが今度は愛機での帰還である。

「あのな、自分のところの故郷の空にはな、臭いがあってな、他とは違うんだ」

郷土訪問飛行をしたことのある先輩が言っていた。本当かどうかはわからない。彼は閉じた風防に隙間を作って外の風が入るようにしていた。九九式襲撃機は木曽谷《きそだに》の風を受けて気持ちよく飛んだ。そして松本平が見えてきた瞬間涙が溢れてしかたがなかった。

第3章　松本浅間温泉での武揚隊

（一）武揚隊愛唱歌との出会い

武揚隊は富貴之湯旅館に滞在した。先に述べたが、ここには世田谷の東大原国民学校の学童が数館に分かれて疎開していた。富貴之湯には百八十七名の女児が割り振られていた。

ここに疎開していたのが秋元佳子さんである。彼女の記憶力には驚嘆するばかりだ。

「えっ、それを今も覚えているのですか！」

旅館には舞台付きの大広間があった、武揚隊の隊員は、ここに集まった女児の前でお別れの歌をうたったという。なんと彼女はその歌詞を記憶していた。

一、
広い飛行場に　黄昏《たそがれ》迫る
今日の飛行も　無事済んで

塵にまみれた　飛行服　脱げば
かわいい皆さんの　お人形

二、
明日はお発ちか　松本飛行場
さぁっと飛び立つ　我が愛機
かわいいみなさんの　人形乗せて
わたしゃ行きます　○○へ

三、
世界平和が　来ましたならば
いとしなつかし　日の本へ
帰りゃまっさき　浅間をめがけ
わたしゃゆきます　富貴の湯へ

彼女はこの歌詞だけではなく、節、メロディまでも覚えていた。

「旅館をお発ちになるというときに大広間で壮行会が開かれました。そのときに歌ったものでお別れの歌だったからよく覚えています」

後になってわかったことだが「武揚隊の歌」もあった。いわゆる隊歌である。新京特攻四隊は、第二航空師団で最初に選ばれた特攻隊、大本営直轄だということで高いプライドを持っていた。四隊ともに皆隊歌を作っていた。扶揺隊のは「若桜の歌」だ。この歌詞とメロディは今も残っている。二隊にあれば他隊、武剋隊にもあっただろう。しかし、彼らは十五人全員が特攻突撃している。命とともに歌も消えてしまった。壮行会で歌われた歌には、名前はない。そのときだけ歌われた。特攻出撃する隊は爆装改修やら待機などで各地の航空隊で待ち時間があった。そのときに土地の風物を入れ込んだ即興的な歌が作られた。いわば特攻隊民謡である。演芸会や壮行会で歌われるが、特攻で行けば、一切が失われる。多くは一晩や二晩で潰えてしまった。秋元佳子さんが覚えていた歌はこの世から消えていく運命にあったが、かろうじて記録されたものだ。これも名がないと呼べない。私は「浅間温泉望郷の歌」と名づけた。

特徴的なことは、この歌詞には彼らの日々の具体的な様子、思いが見事に描かれていることだ。そして特筆すべきは本音が歌われていることだ。

整備兵の佐藤曹長は、温泉から飛行場へ毎日通った。そして、「隊長と二人で試験飛行と機関の調整」をしたという。三月十日、陸軍記念日の翌日、武剋隊が泊まっていた目之湯の駒繋国民学校の学童は飛行場に訓練を見学に行っている。そのときの様子が具体的に記録されている。見ていると三機編隊が飛び立った。

目之湯の方へ向かつて三機へん隊を組んで飛んで行きました。僕たちがどこへ行つたのだろうと思つてゐると、かくなうこの後の方から突ぜん、てい空で飛んで来ました。僕たちはみんな、隊長さんと手をふると、飛行機のつばさを左右にふつて合図しました。そして何回も向こうへ行つたり、こちらへ来たり、旋回をしたり、ひくくなつてつばさを左右にふつたりしてゐる間に、だんだん低くおりて来てじゅんじゅんに着陸しました。そして三人そろって隊長さんの前に行き、敬礼をしていろいろなことを報告して……

（私版・中澤 敬夫編『日本の子、少国民よ』一九九五年）

松本飛行場での飛行訓練の様子が生き生きと描かれている。工廠の技術者が爆装改修をする。すると整備員が機とエンジンとのバランスを調整した。それが終わると隊員たちは直ちに試験飛行を行った。ここでは試験飛行の一コマが描かれている。飛行場に着陸した隊員は、機の具合を子細に隊長に報告したのだろう。

訓練でもう一つ欠かせないのが急降下訓練である。飛行場のT字板めがけて一気に降下した、Tを目標物の航空母艦に見立てての訓練だ。「艦船爆撃予行《かんせんばくげきよこう》」と言われていた。機は目標とする敵艦船を見つけると、一千二、三百メートルの高度から急降下をし加速をつける。そして、四百メートルぐらいで機の引き起こしにかかり、海面すれすれまで降下して敵艦の五百メートルぐらいに来て爆弾を投下する。そしてそのT字板を掠めるようにして飛び去る。

「浅間温泉望郷の歌」にはそういう彼らの日常がリアルに歌われている。それだけではなく彼らの熱い思いがメッセージとして伝えられている。歌に即しての物語である。

日々毎日が訓練だった。老朽機の九九襲は爆装改修でちょっと機体をいじっただけでもバランスが狂った。潤滑パイプの継ぎ目から油が噴き出してひやりとすることなども度々だった。それで改修の度に何度も試験飛行を重ね、大丈夫となると降下訓練に移った。四十五度の急角度で地上ぎりぎりまで行って舵を引く。その動作が遅れ、地上に激突して即死したという話はよく聞いていた。そういう命の危険を冒しての訓練はハードだった。が、それも日暮れとなれば終わりとなる。アルプスの連山ののこぎり尾根が真っ赤に染まってやがて紺色になると飛行訓練も終わりだ。最後の訓練を終えてエンジンを切る。そして油まみれになった飛行服を脱ぐと、「終わった」という実感が湧いてきた。これで宿に帰れる。あの可愛らしいお人形のような子たちにもまた会える。

彼らは富貴之湯に起居していた。洗面に行くと女の子ばかりだ。「おはよう」と挨拶《あいさつ》を交わす。彼らはここへ来てびっくりしたことがある。田舎育ちの彼らは都会の子に接することはない。ところが、旅館にいるのは東京から来たお嬢ちゃんばかりだ。色が白くて可愛いし、おしゃまだ。それでお人形のようで愛おしい。できることなら操縦席に乗せて一緒に連れて行きたいが、それもかなわぬこと。ならばせめて身代わりにお人形を乗せて行こう。

このお人形、武剋隊前半隊の例だ。出撃直前に機を整備した兵の証言だ。どの機にも世田谷の疎開学童が作った人形が飾られていたと。武揚隊も同じで、富貴之湯の疎開学童女児が作った人形を、歌にある通り乗せて行ったに違いない。

爆装改修もようやく終わりが見えた。愛機も、いよいよここを去って行く時が来た。温泉に女の子に綺麗な景色。得がたい場だったがもう去って行かなくてはならない。その時はどんな思いで飛び立つだろうか。後ろ髪惹かれることなくサァッと飛び立てるだろうか。心もとない。ふと思うのは彼女たちのことだ。彼女たちを連れては行けないが身代わりのお人形だったら乗せて行ける。「よし、お人形を作って」と頼もう。その可愛らしい道連れとともに「俺は定められた○○地点に特攻突撃しようぞ」。

仲間の隊員は密かに気に入った子を呼んで「この日本に戻ってくることがあれば、おれの嫁さんになってほしい」と頼んでいる。

戦争が終わって、世界に平和がやってきたら、いとしくて懐かしいこの日本へ帰ってこよう。そのときは脇目《わきめ》をふることもなく、真っ先にこの浅間温泉をめがけて飛んで来たい。

あのいとしい子たちと出会った富貴之湯へ。

メッセージの核は、浅間温泉の生活で得た率直な彼らの思いである。それは、女子学童への慕情、立ち去りがたい愛着、そして平和への願望である。この歌が記録されたことは意味がある。彼らの切々とした息づかいがここにこもっている。それは建前ではなく本音であるからだ。

(二) 思い出深い武揚隊の兵隊さん

秋元佳子さんは、歌ばかりではなく人のことも覚えていた。山本薫隊長のほか、海老根伍長である。身体の大きな彼は学童に人気があったらしい。彼を見かけるとついていって腕にぶら下がっていたという。

「海老根伍長は、演芸会のときに『八紘一宇《はっこういちう》の八重一重《やえひとえ》』という歌をよく歌っておられました。それがズーズー弁だったからよく覚えているのですよ。『明日は初陣、軍刀を月にかざせば散る桜、征きて咲け桜花、八紘一宇の八重桜』というものでした。ここのところが『えけてさけ』となって、おしまいが『はっこうえちうのやえざくら』になるのです」

彼女はその時に彼らが披露した歌を数曲覚えていて、それをそらんじてもいた。

「何か不思議ですね。結婚して子どもができておぶっているときは、戦争時代にあの兵隊さんが歌ったうたを子どもに歌って聞かせていましたね……」

彼女の心の中では疎開時代の歌がずっと生きていた。

多くの疎開学童から聞き書きをした。仲間からのいじめ、教師による虐待《ぎゃくたい》、それと飢餓《きが》。あのときのことは絶対に思い出したくないという人もいる。そんな中で秋元さんは、当時の場面場面を鮮明に覚えていて話してくれた。

「『むかし、むかし、その昔、じいさんとばあさんがあったとサー』と特攻隊の人が歌うと、私たちが声をそろえて、『ヨイヤサ、キタサ』って繰り返していうんですよ。そうしたら兵隊さんが、『ドンブリッコ、ドンブリッコ流れくる……』ってみんな手を揺らして踊るのです。私たちが喜んで『ヨイヤサ、キタサ』って大きな声で応えると、どんどん乗ってきてもう大騒ぎでしたね。あれが最後の夜だったのでしょうか？」

「場面が浮かんでくるようですね」

「そうそう、思い出すとふと浮かんできますね。海老根伍長のことなんか」

「どんなことを？」

「散歩に行ったときにいつもどおりみんなで腕にぶら下がっていたんですよ。そのときに向こうから長谷川少尉さんが来られたのです。そしたら海老根伍長は私たちの手を振り払って、気をつけをして敬礼をしたんですよ。そしたら『子どもと一緒に遊んでいるときはそんな敬礼なんかしなくていいんだよ』と言っていましたね」

「ああ、伍長は体が大きいのですよね……」

古河の航空養成所では彼の乗ったグライダーは重そうだったと。同期生の久貫さんから聞いたことがある。

「その長谷川少尉さんは丸顔で、私たちの間では人気のある人でした。それでついお願いをしたんですよ。富貴之湯まで飛行機で飛んで来てほしいって……」

「そんなことを頼んだのですか？」

浅間温泉ではよくあったことらしい。前に重爆撃機「飛龍《ひりゅう》」で松本に飛んできた前村弘さんから話を伺ったことがある。やっぱり女中さんたちにせがまれて桐の湯の上空を思いっきり低空で飛んだと。

「あの飛行機は前部がドーム型で、航法士としてそこに乗っていましたが、下がガラス越しに素通しで見えるのですよ。機長は屋根すれすれに飛んでとても怖かったですよ」

学童や女中さんに頼まれて「よし、しょうがないか」と行って何人もが飛んできた。武揚隊の吉原香軍曹の宙返りもその一つだった。

「それで三階のもの干し場で友達と一緒に待っていたら、裏山の桜ヶ丘の上に急に飛行機が現れたんですよ。翼の赤い日の丸が見えました。その飛行機がビュゥンと音を立てて飛んで来て、旅館の上を低空で旋回したのです。旅館は三階建てでその飛行機が目の前を飛んで行くのです。長谷川さんが操縦席に乗っているのが見えました。飛行眼鏡を掛けた長谷川さんが手を振るのですよ。それがはっきり見えました……」

彼女たちは度肝を抜かれたらしい。冗談めかして言ったら本当に戦闘機が飛んで来た。

「それでもの干し場には棹があったので急いできれを巻いて、それをぐるぐる回したんですよ。そしたら長谷川さんもこれに応えて翼を振るのです。操縦席の上からアンテナが出ていて後ろの方にピィンと張ってあるのです……」

「よくそんなことまで覚えていますね」

「それでその日、長谷川さんが旅館に帰ってこられて、『しぼられちゃったよ』と。山本隊長さんに叱られたらしいのですよ……」

隊員は街中でのピッケ、急降下、急上昇は禁じられていた。それを若い隊員は破っていた。隊長はお冠だったらしい。

「その長谷川さんと私たちは仲がよかったのです。太田幸子さんは大部屋でした。だけど私たちは玄関上の二階の小部屋で四、五人だったので来やすかったのでしょう。毎晩のように来られました。それでキャラメルとか、氷砂糖《こおりざとう》とかもらいました。勉強もみてくださいました。でもね……」

彼女はそこで話を切った。思うところがあったらしい。

「それで？」

「やっぱり女の子の部屋でしょう。だから長谷川さんが毎晩のように遊びに来ることが先生方の間で問題になったことがありました。山本隊長さんも注意をしておられました」

彼女らは小学校高学年五年生だ。お年頃である。

「でも、みんなあの頃って成長というか、ものの感じ方って違っていました。一緒の部屋にいたHさんという人、もうだいぶ経ってから同窓会か何かで会ったのですよ。そしたら『私、長谷川さんって初恋の人だったの』と言っていました。その人、歯医者さんのお嫁さんになったのですけどね。この間亡くなられました。そういえば彼女はあのとき長谷川さんの写真を持っていました。確か田舎から出てきたというお母さんにも会ったというようなことを話していました……」

(三) 特攻隊員への愛と恋

浅間温泉に疎開していた東京の学童と特攻隊兵士とが偶然に行き会ってふれ合った。長谷川さんに恋したHさんは一生の思い出として携え、そして亡くなった。埋もれていた物語の一例である。偶然耳にした話だが類例は多くあったようだ。

彼ら隊員たちは来るべくして当地に来たわけではない。偶然にやって来た。ところがその浅間温泉には、東京からやってきたおしゃまで可愛い女の子がいた。この子たちと一月ほど一緒に生活をともにした。そういう中で彼ら特攻隊員たちが彼女らに慕情や恋情を持ったのは自然である。

鉛筆部隊の田中幸子さんは、今野勝郎軍曹から「戻ってきたらお嫁さんになってほしい」と言われた。彼女はその言葉が今も忘れられないでいる。宮城県の実家や特攻ゆかりの地、松本、健軍、知覧、沖縄への巡礼行を今も続けている。

結びつき、ふれ合いは女児ばかりだけではなく、男同士の固い友情もあった。

これは代沢国民学校の宿舎湯本屋でのことだ。ここでは男児と彼らとのふれ合いがあった。戦後になって同窓会幹事が当事者にアンケートを取った。その一つにこんな記述があった。

「特攻隊（十一人）との交流。中浅間駅での見送り。後日靖国神社での再会の約束。血書の授」

湯本屋では男児が宴席によく呼ばれた。酔った彼らは時に涙を流して「お前らなあ」と言って彼らに人生を語ったという。そしていよいよ出撃というときだ。皆で彼らを送っていった。松本電気鉄道浅間線、中浅間駅だ。

「俺たちは死んだら靖国神社に行くからお前たち、会いにこいよな」

「必ず行くよ」

白いマフラーを巻いた彼らは挙手の礼をして、その後に言った言葉だ。学童は即座に応じて、そして去っていくチンチン電車を見送った。前の晩のことだ。隊員は血で決意を書いた日の丸鉢巻を持っていた。それを切り裂いて、一人一人に渡したという。

アンケートには女児も答えている。

「北沢さんという優しかった特攻隊員の面影が忘れられない」

その子にも何かのドラマがあったのだろうと想像される。

湯本屋にいた特攻隊員は十一名で、そこには北沢さんという兵士がいた。隊名はわからない。しかし、ここにいた加藤景さんという人が知らせてくれた。家に送った手紙に「振武隊の人」と書いてあったという。昭和二十年三月、米軍の沖縄侵攻が明瞭になって、その沖縄へ向かう特攻隊が浅間温泉に多く来ていた。誠隊の飛来はわかっていたが、第六航空師団の振武隊もまた来ていたのである。

浅間温泉は古くからの温泉で、旅館の数も多かった。それで大勢の疎開学童を受け入れていた。世田谷からは七校、約二千五百人ほどが当地に来ていた。おそらくはそれぞれの旅館で何らかのドラマがあったことは容易に想像ができた。

しかし、学校というのは同窓会系列で縦に繋がっている。横との結びつきは薄い。学童と航空兵とのふれ合いが、代沢校、東大原校ではあった。先に目之湯のことは紹介したが、これが三校目だった。当時、廣森隊長らとともに過ごした駒繋校の人たちは彼の行状についてよく覚えていた。

「隊長は優しい人でしたね。頭を撫でてかわいがってくれましたよ」

学童には優しい顔を見せていた隊長は、戦史では勇猛果敢な航空戦士として記録されている。『戦史叢書』には「廣森達郎中尉の血書」と紹介された写真が載っている。和紙に書かれた決意文は白黒だが「迸《ほとばし》ル大勇猛心」などは赤い血の色がリアルに想像される。血気盛んな青年将校である。武剋隊の隊員の手紙や遺族の証言から、部下は隊長に深い信頼を寄せていたことを知った。

疎開学童は沖縄決戦に備えて飛来してきた特攻隊の隊員と出会った。代沢校、東大原校、駒繋校と三校もあれば他にもあるはずだ。残るは四校だった。山崎校、二子玉川校、太子堂校、東京第一師範校である。これらにもすべて当たった。結論から先にいうと山崎校と二子玉川校にはあった。前者については隊員が一人の少女に恋した。特攻に行きそびれてしまって戦後になって帰還した。その彼が高女生になった彼女に会いに来た。浅間での若いときは白いマフラーを首に巻いて、別れの挙手は格好良かった。ところが彼女の淡い期待は裏切られた。

「もう見る影もないおじさんになっていました。あれほど幻滅したことはなかった」

彼女はそう言っていた。玉手箱は開けない方がしあわせだ。

後者の二子玉川校の場合は、本人が突撃して亡くなっている。彼は小学校五年生の彼女に深い思慕の情を持っていた。彼女が寝ている部屋の外でまんじりともせずに夜を明かしたという。疎開学童はまだ子どもだった。男の性愛とか想いとかについて深く理解していたわけではない。やがて少女たちは成人し、恋というものがわかるようになって。あのときの兵士の想いに気づいた。

お国のために純粋な気持ちで特攻に行ったのが若い彼らだ。現世利益、愛欲などは見向きもしなかったと言われるが、彼らも心を持った男たちだ。東京から来たお人形のような子には熱い慕情を残した。

大人同士の場合はもっと熱いものがあった。一晩同衾した隊員の一人が、自分の指を詰めてその女性に持ってきた。彼女はおろおろするばかりだったと。偶然、風邪を引いていて寮母の部屋に寝ていた一人の学童はその一部始終を布団の中で聞いたという。

先の廣森隊長にも秘められた逸話がある。引率の若い先生との交流である。それは駒繋校の中村初子先生だ。

彼女が目之湯の引率教員だったことは疎開学童から聞いて知っていたが、住所がわからない。ところが私の仲間がネットで住所と電話番号を見つけてくれた。恐る恐る電話をするとまさにその当人と繋がった。それで信濃町駅で待ち合わせて話を伺った。

中村初子先生は当時、廣森隊長よりも一つ下の二十二歳だった。彼女のいる部屋に毎晩のように彼は話をしに来たという。こたつを挟んでいつも二人きりだった。

「宿屋のおかみさんが心配して、部屋の外をわざと大きな足音を立てて通っていらっしゃいましたね……でもね、廣森隊長と何回もお話をしたのですが、お互いに手を握ることもなかったのですよ……」

遠く過ぎ去った遙かな昔だ。が、彼女には鮮烈な経験だった。その彼は昭和二十年三月二十七日未明に沖縄中飛行場から出撃していった。その隊長から手紙を貰ったという。

「今もその手紙はありますか?」

「いや、そんな手紙をいつまでも持っていたらお嫁に行けなくなっちゃうでしょう。だから燃やしてしまいました……」

八十五歳の彼女は恥ずかしそうに言う。

「じゃあ、何が書かれてあったかわからないですね」

「覚えています……」

わたしの目を咎《とが》めるように見つめた。

「浅間ではお世話になりました。これから機に乗ります。達郎」

「それだけですか?」

「はい、それだけです……」

二人ともしばらくは沈黙したままだった。

時が経てば人は多くを忘れてしまうが、彼女は隊長から貰った言葉を今も鮮明に覚えていた。たった一行の言葉だが、それは氷山の一角に過ぎない。言葉の下には大きな、大きな想いが潜んでいるに違いない。

中村初子先生との出会いはそれっきりだった。その後手紙を出したり、電話を掛けたりしたが何の音沙汰もない。あの出会いは夢だったのだろうか。

昭和二十年三月段階では、浅間温泉には多くの疎開学童が滞在していた。が、当地も疎開工場が近隣に移転してきたり、その従業員が疎開してきたりと安住の場所ではなくなった。それで四月に入ってすぐに一斉に他の場所に再疎開していく。

沖縄特攻向けの飛行機の飛来は二月、三月、四月、五月と続く。しかし、学童たちとの交流は三月が中心だった。それでも彼ら特攻隊員からは出撃飛行場から最後の手紙が来てもいた。それらが浅間温泉から再疎開先に転送されてきたという。

富貴之湯に疎開していた東大原校も伊那《いな》に再疎開した。

「あの長谷川さんたちどうしたろう？」

秋元佳子さんらはときどき隊員のことを思い出し、新聞やラジオの報道は注意して聞いていたが、その消息はわからなかった。

(四) 長谷川信少尉のこと

その長谷川さんのことだ。ただこれも「ハセガワ」と聴いていたので「長谷川」としていた。調べると武揚隊の隊員には他に「ハセベ」という名もあった、こちらは「長谷部」だ。しかし、これが間違いなく「長谷川」であることを知った。

秋元佳子さんに出会ったのが二〇一一年の初夏だった。ちょうどこの頃、戦争関係の資料を漁るように調べていた。そのときに図書館で一冊の本を手に取った。『きけ　わだつみのこえ』である。この戦没学生のことは知っていた。ただなんとなく表題の命令形に抵抗があって敬遠していた。が、このときは「手記には手がかりがありそうだ」という勘が働いて手に取った。それは的中した。まさにここに「長《は》谷川信《せがわしん》」の名があった。

　戦没学徒の手記には名前があって略歴が記される。この記述を目にしてひやりとした。

　　昭和二十年四月十二日武揚隊特別攻撃隊員として沖縄にて戦死、陸軍少尉、二十三歳。

　長谷川信少尉は武揚隊隊員だった。彼は、明治学院大からの動員学徒である。略歴には「陸軍特別操縦見習士官」とある。この長谷川信は秋元さんらと接触していた人物と同じであるらしい。「ものの言い方がはっきりしている人」という印象だったと彼女は言っていた。確かに言葉は鋭い。手記の最後は人間というものの本質を鋭く衝いている。

　　人間は、人間がこの世を創《つく》った時以来、少しも進歩していないのだ。
　　今次の戦争には、もはや正義云々《うんぬん》の問題はなく、
　　ただただ民族間の憎悪の爆発あるのみだ。
　　敵対し合う民族は各々《おのおの》その滅亡まで戦を止めることはないであろう。
　　恐しき哉《かな》、浅ましき哉《かな》
　　人類よ、猿の親類よ。

この引用だけでは、人間は獣性を持つものだとなるが、一般論ではない。大陸での歴戦のつわものから「女の兵隊や、捕虜の殺し方」を彼は聞いた。「むごいとか残忍とかそんな言葉じゃ言い表せないほどのもの」だったと。「俺は航空隊に転科したことに」安堵を感じたほどだった、航空であれば直接「手をかけて」人を殺さなくてもよい。長谷川信の率直な思いだが、自分も含めて「人間の獣性」が、「深く深く人間性の中」に拭いがたく存在すると知った。「民族は各々その滅亡まで戦を止めることはない」と。理性、知性は働かないという人間懐疑である。

日記の日付は（昭和二十年）一月十八日だ。この半月後に彼は特攻隊員に選ばれている。これらの日記は抜粋だ。随所に人間への懐疑、そして自身の孤独が描かれている。「俺は人間、特に現代の日本人の人間性に絶望を感じている」（二十年四月二十六日）、「ただ一人生れ、死ぬるもただ一人」（昭和二十年一月一日）、これら記述の一つ一つから読み取れることは、若い彼が深い哲理《てつり》を巡らし、苦悩していたことだ。彼の言葉には人を惹きつけるものがある。

長谷川信少尉（少年期）

『きけ　わだつみのこえ』は、日記の抜粋で、一部しか載っていない。元の日記には浅間温泉に滞在したときの記述もあるのではないか。もしかしたら富貴之湯で接した学童のことも記録しているかもしれない。そのこと確かめるためにどうしたらよいか？　そう思っていたときに思いついたことがある。借りた本は岩波の旧版である、これには実家の住所が載っていた。この住所を電話番号案内で聞けば、実家がわかるかもしれない。幸いにもこの試みが成功した。調べた番号に掛けると繋がった。

「長谷川さんのお宅ですか？　……あのー、長谷川信少尉の実家ですか？」

「はい、そうです」

なんと出て来られたのは少尉の甥御さんだった。

「遺品については一切を寄贈しました」

それは東京本郷にある「わだつみのこえ記念館」であることがわかった。事前に連絡をして訪ねていくと、館長の高橋武智さんが数点の資料を用意してくださっていた。

この資料の中でとりわけ興味を惹かれたのは『明治学院百年史』（一九七八年）である。多くの証言や手紙資料などに基づいて百ページほども費やして彼の人間像に迫っている。長谷川信像を論じた貴重な論考である。

これを読んでひどく落胆したのは日記の所在だ。「長谷川信の日記が、現在行方不明になっていることは遺憾なことである。日記は、戦後彼の両親の手許にあり、両親の没後には長兄が保管していたが、『週刊現代』誌に貸し出したあと所在がわからないとのことである」。戦没学生手記として『きけ　わだつみのこえ』に部分的に掲載されている信の文章は、独特の戦争観、人間観が描かれている。が、日記が失われたことで彼の全体の人物像を知ることができなくなった。歴史文化遺産としてのこれが失われたことは大きい。

『明治学院百年史』には浅間時代の記述がある。

新京で身辺整理などに一週間過ごしたのち、待命ため一度本土に戻ることになり、二月下旬には長野県松本に到着、以後約四十日をそこで過ごした。信たちが宿泊したのは浅間温泉「富貴湯」旅館であった。

この記述は大ざっぱだ。命令を待つために本土に飛来したのではなく、爆装改修のためである。松本への飛来は二月二十日、下旬というのは合っている。興味深い記述がある。武揚隊がいつ松本を発ったのか、これがわからない。しかしこれについては、「台湾への転進命令が発せられたのは、沖縄戦が頂点に向かおうとしていた四月初めのことだった。あたかも春のきざしを見せはじめた松本を発進、空襲を避けながら本土各地の基地伝いに移動し、桜満開の新田原飛行場（宮崎）に到着」とある。武揚隊の浅間出立はいつだったのかはわかっていない。その点でここにある「四月初め」という記録は貴重だ。浅間温泉滞在中のことで言えば、こういう記述がある。

この待機の期間に、当時の例にならって、信の最後の帰郷が許されている。三月（二十年）の初めの頃と思われるが、かれは当時結婚することに決まっていた妹ヒロへの祝いの品を携えて会津若松の家に帰った。

これまでの調査からこの帰郷は確かだ。例えば遠距離の北海道などは親の方が面会に来た。関東、関西などは本人が故郷を訪れている。武揚隊員では五来末義軍曹は〔茨城県久慈郡久慈《くじ》町〕に帰った。山本薫中尉は〔徳島県勝浦郡小松島町〕、故郷に帰らず東京の親戚を訪れたようだ。柄澤甲子夫伍長は〔長野県小県郡《ちいさがたぐん》豊重村〕、同じ長野県のため帰郷したのだろうと思う。

多くの泣き別れがあったようだ。『明治学院百年史』はその一端を記している。長谷川信の母親シゲは離郷した後に息子が特攻隊員に選ばれたと聞いて、後を追って浅間温泉に来たという。

たまりかねたシゲは、信がいると思われる基地まであとを追っていったという。だが、結局信に会うことができず、ただかれが泊まっていた宿の人から、他の飛行隊員が酒と女で楽しんでいる間も、かれが静かにひとり近所の子どもたちを相手に遊んでやっていたという話を聞いたとのことである。

隊員は昼間は、飛行場へ行って飛行訓練をしていた。母親はそこに会いに行ったが面会できなかった。それで隊の宿である富貴之湯を訪ねた。「近所の子どもたち」というのは彼の身近にいた東大原校の疎開学童だ。

先に紹介したHさんという人は秋元佳子さんによれば「宿に来た信のお母さんと会った」とのこと。シゲさんはHさんから息子の宿での様子を聞いたのだろう。母親は自分の息子が心配でならない。

その当の長谷川信は手記にこう記している。十九年十一月二十九日、満州にいたときのことだ。

俺たちの苦しみと死とが、俺たちの父や母や姉妹たち、愛する人たちの幸福のために、たとえわずかでも役立つものならば。

自己犠牲への思いの吐露《とろ》だ。このちょうど一月前の十月二十五日、海軍の神風特別攻撃隊、関行男大尉率いる零戦五機が、爆弾を抱え機体もろとも敵艦に突入した。「神鷲忠烈。万世に燦たり」と新聞の見出しは彼らの突撃を最大限に賛美していた。信も当然知っていたであろう。彼も折りあらば特別攻撃隊に加わりたいとの思いはあったのだろうと思う。満州に渡って、白城子の第二十三教育飛行隊で訓練を行っていた。ここには約三十人の特別操縦見習士官がいたが、この中から武揚隊には長谷川信と力石文夫の二人が特別攻撃隊隊員として選ばれている。

特攻隊は建て前としては志願した形になっている。事前に熱望か、希望か、不希望かが問われたという。が、ほとんどが「熱望する」に○をつけた。長谷川信もその一人だろう。が、彼の場合は自らの自爆行為が愛するものを救う、そういう純朴な考えを持っていたようだ。いわゆる国粋主義的な考えではなかった。『明治学院百年史』は、彼が友に送った書簡を引用している。「我々がいくさに行くときも、バイブルは持っていきましょう」と書き、「やはり俺たちは、どうしても天皇と、国体には救われません」と述べている。

彼の考えの核にはキリスト教や仏教などの宗教がある。『きけ　わだつみのこえ』に採録されている言葉の端々に信仰心がうかがわれる。

次は昭和十九年四月二十日の日記だ。

急に梁川《りようせん》が読みたくなった。
弥陀の誓願にたすけまいらせて、往生をば遂ぐるなりと信じて念仏申さんと思い立つ心。
単純なるもの、は美しい
素朴なるもの、は美しい
純真なるもの、は美しい
おおらかなるもの、は美しい

物事の核心をさらりと捉えて、それを詩的に表現する力を彼は持っている。ただこう解説するだけでなく、「明日から食堂に行って食卓に坐る時、お念仏をしようと思う」と実践への思いも書き記している。ふと思うのはその食堂での彼の姿だ。彼はこのときには群馬県館林《たてばやし》の陸軍飛行学校にいた。彼はここで訓練を重ね、初めて空を飛んでいる。彼の日記なり、手紙なりを読むと彼が発した詩心に誘われてついその場に行きたくなる。

（五）長谷川信ゆかりの地の訪問

長谷川信は学徒動員組のいわゆる学鷲《がくわし》、その特操二期組、総勢千八百人である。昭和十九年の戦争末期、操縦士が払底《ふってい》している中、この組は促成教育によって戦争に間に合わせられた組だ。その多くが特攻機に搭乗して亡くなっている。この年、二月八日、特操の一部四百人が熊谷陸軍飛行学校相模《さがみ》教育隊に入校し、グライダーでの操縦訓練、そして学科を学んだ。

（昭和19年）2月8日相模原教育隊に入校式があり、グライダー教育の上、3月24日午後4時電車で館林教育隊に到着、26日飛行場説明、27日飛行訓練開始。訓練は中練で、午後5時開始。8ヶ区隊400人が、操縦と学科に別れて交代実施。操縦は楽しく、1週間で単独飛行に入った学生もいた。

（堀山久生編著『館林の空：第30戦斗飛行集団館林集成教育隊』二〇〇二年）

特操二期の四百人が館林で操縦を学ぶ。長谷川信とここで同期だったのが上原良司である。戦争に対する鋭い批評で知られているのが彼だ。『きけ　わだつみのこえ』ではもっともよく知られている。同著において双璧ともされる二人がともに生活していたことは興味深い。

私は、二〇一六年十月二十二日、彼らの足跡をたどった。

七十二年前の三月二十四日の厚木から館林への行程は、「新宿、渋谷より地下鉄にて雷門に至り、東武本線にて十三時館林駅着。約一時間の行軍の後、教育隊に入る」（『あゝ祖国よ　恋人よ――きけわだつみのこえ上原良司』昭和出版・一九八五年）と記されている。私は彼らと同じく銀座線、浅草で乗り換え東武伊勢崎線で館林に着いた。

駅前に立って思ったのは、一帯の土地がフラットであることだ。が、はるか北には赤城山《あかぎさん》がある、ここでの飛行訓練はこの赤城おろしに悩まされたという。

彼らは館林駅から行軍、一時間歩いたという。これに習って歩いてみた。平坦なところを西へ向かって四キロほど行けばよい。往時は、誰もが目標物とした塔があった。今残っていたとしても建物に視界を塞がれて見えない。戦後から七十一年も経っている。果たしてこれはあるだろうか。

地図を頼りに歩いてたどり着いたところは学校だ。校門には案内の女子学生がいた。「アザリア祭」と看板には書いてある。関東短期大学の学園祭だった。あらかじめ調べて来たわけではない。たまたま来合わせたのだ。校内にある施設を見学するために来たのだが、事前の連絡も何もしていない。部外者が学校内に入るのは難しい。

「熊谷陸軍飛行学校館林教育隊の跡を見学したいのですが」

受付で用件を伝えてもすぐに許可は出ない。場合によっては入構許可願いや撮影許可願いを書かせられることがある。が、学園祭となれば別だ。校内を開放して部外者に見せる。受験生の学校見学の機会でもある。それで一般人も自由に出入りができる。幸運だった。いつもだったら表情を固くした警備員が立っているに違いないが、受付の机には五、六名の女子学生が座っていて笑顔で迎えてくれる。

「いらっしゃいませ！」

声をそろえての歓迎だ。変なおじさんとして怪しまれないところがいい。大手を振って中に入った。が、そこには新しくできた建物があるだけだ。

「校内に古い塔はない？」

女子学生が三人で話していた。それで声を掛けてみた。

「さあ？」

「あのさ、ここの昔って知っている？」

「ううん、知らない」

「昔さ、戦争のときの話なんだけど。兵隊が足りなくなって学生たちが全員動員させられたんだ、学徒動員というんだ。その中で飛行機乗りを志願したものは、操縦をここにあった飛行学校で習っていたんだ。特別操縦見習士官というんだけどね。ここで習っていた学生の多くは特攻に行っているんだ。特攻ってわかる？」

「わかんない」

声をそろえていう。

「わかんない」

「自分の乗った飛行機に爆弾を抱えてさ、アメリカの船に突っ込んで行ったんだよ」

「？？？？？」

彼女らはきょとんとしている。もう七十年も前のこと、知らないのは無理もない。彼女らは二十歳前後だ、特攻兵とほとんど変わらない年齢だ。その彼女らは出店の食べ物はどこが旨いとすぐに話題を変えた。

歴史は忘れ去られると思った。長谷川信はここで学んでいたときに愛読書『梁川集《りょうせん》』と『基督教《きりすときょう》の本質』を上官に取り上げられている。「こんな処で、何が深刻な反省であり、何が修養であるか」と憤ったという。彼女らは決して愛読書を取り上げられることはない。その彼女ら以外にも古い構造物はないか尋ねたが、みんな「知らない」という。そんな中に年配の職員がいた。

「あれかな？」

思い当たることがあったようだ。彼は先に立って歩いて行く。ロープが張ってあって「立ち入り禁止」と書かれている。が、彼は構わずにずんずん入っていく。そして、建物の裏側に出る。

「もしかしてこのことですか？」

彼が指さしたのは丸みを帯びた建物であった。三層からなる高い塔だ。

「ああ、これ、これ、これですよ！」

熊谷飛行学校館林分校の遺構である。思いがけず高く大きい。私は深い感銘を覚えてこれを見上げた。今ではすっかり周りの建物に囲まれてしまっている。この塔こそは当時のランドマークである。飛行機で飛んでいるときは格好の目印だった。

飛行機操縦訓練の初歩においては「場周感得《じょうしゅうかんとく》」というものがある、助教が操縦席に乗り、訓練隊員が偵察員席に乗る。すると「飛行場周囲の状況をよく把握しておけ」と助教が指示をする。建物や橋、川などを観察する。このときに必ずと言っていいほど記憶に残るのがこの塔であった。

旧軍時代の建物配置図を見るとこの給水塔のわきに食堂・酒保《しゅほ》、浴場があった。そして間をおいて兵舎が建っていた。長谷川信にせよ、上原良司にせよ、ここでこっそりと日記を書いていた。

その建物があった辺りはグランドになっていて野球部員が練習をしていた。現代の若者は泥だらけになって走ったり、打ったりしていた。かつてその場所で特別操縦見習士官の上原良司は初飛行の喜びを、長谷川信は自分の苦悩を綴った。

入学して早い者は一週間もすれば単独飛行ができるようになる。上原良司はその喜びを「三月二十四日」の日記に記している。

下を見ると、まるで五十万分の一の地図に色をつけたようだ。実に美しい。人間の住む地上がこんなに美しく見えたのは初めてである。このとき、良くぞ空に来にけるかなとしばし茫然として見惚る。小泉町の中島飛行機製作所が見える。利根川は足下だ。実に痛快極まりない。（『あゝ祖国よ　恋人よ』）

一方、長谷川信は「五月二十四日」の日記には懐疑を記している。


あと、死ぬまで俺の心はどこまで荒んで行くことか。

日本民族は果して。


彼らが学んだ熊谷飛行学校館林分校は、時代が変わり若い人々が学ぶ学校になっていた。教職員も学生も旧軍飛行学校時代のことは誰も知らない。給水塔は忘れられていく。ところが、戦時遺構はこれだけではなかった。学校を立ち去ろうと校門まで来たときに、右手にひっそりと石碑が建っているのに気づいた。

「館林航空神社跡」

旧軍時代の建物配置図を見ると鳥居マークがある。これが航空神社だったのだろう。飛行場では事故はつきものだ。四月十一日の上原良司の日記には「本日、本校においてペラにやられし雇員の遺骸来たる。慰霊祭あり」とある。彼ら訓練生はこういう事故に遭わないようにと毎日参拝していたのではないか。しかし、給水塔といえ、石碑といえ何の説明もない。

「歴史はこうしてうち捨てられる」

そんなことを思いながら、今は畑となった飛行場跡を行くと鍬で耕している人がいた。

給水塔のことを聞いてみる。

「塔が残っていたとは驚きだなあ。あれはここらへんの目印だった。遠くに行ってもどこからでも見えた。だから迷うことはなかった。戦後、学校もここの飛行場も米軍に接収されたんだ。それで俺たちは金網をかい潜って給水塔まで行ったよ。肝試《きもだめ》しに上らされたんだ。屋上のてっぺんまで上って何が見えたかを報告する。合格すれば悪ガキの仲間入りだった、わはははは……」

昭和二十五年生まれだという市川晶美さんはそう言って笑った。

給水塔が目印だったのは熊谷飛行学校館林分校だ。ここで飛行操縦を学んだ特別操縦見習士官第二期生、四百名は、七月二十日に四ヵ月の課程を終え、卒業式を迎えた。この後はそれぞれ各地の飛行学校へ散っていった。長谷川信はもともと「大陸への平和の戦士」になるために満州医科大に進学しようという思いがあった。それは叶わなかったが、満州での共同農場の建設まで夢見ていたという。転任に当たって彼は満州を希望したのかもしれない。「館林で約六ヵ月を過ごしたのち信は、十九年七月三十一日付けで『満州』の第一〇一飛行教育団第二十三教育飛行隊に移された」（『明治学院百年史』）という。満州平台飛行場の襲撃隊である（注・館林分校での飛行実習は四ヵ月が正しい）。

（六）猪苗代湖畔の碑

浅間温泉富貴之湯にいた「ハセガワ」さんは間違いなく長谷川少尉だったのか？

「わだつみのこえ記念館」に行ったとき長谷川信の写真が飾ってあった。館長の高橋武智さんに事情を告げ、撮らせていただいた。それを秋元佳子さんに送った。するとしばらく経って彼女から電話があった。

「写真を送っていただいてからずっと見ていたんです。最初は違う人ではないかと思っていたんですけど、不思議ですね。ほら、ジグソーパズルのピースが当てはまるみたいに一つ一つのことが思い出されてきたんですよ。山本隊長さんは隊長らしく無骨な印象がありました。でもね、長谷川さんは反対で穏やかで優しい感じがありました。そしてね……」

「ええ」

彼女はそこでいったん言葉を切った。

「いろいろな思い出が蘇ってきましてね。いつも長谷川さんはどてら姿だったのですけど、あるとき軍服姿で入ってこられたときがあって、見違えるようでした。その時の長谷川さんが、『ああ、ああ、この顔だった！』と……なんかね、とても懐かしかったですよ」

富貴之湯にいたのはやはり長谷川信に間違いなかった。彼は、昭和十九年五月十六日、熊谷飛行学校館林分校にいたときの日記にこう書いていた。

死んだら、小石ヶ浜の丘の上に、あるいは名倉山の中腹に、または戸ノ口あたりに、中学生のころボートを漕いだ湖の見えるところに、石碑をたてて分骨をしてもらはうと思ふ。

遺言である。書き記した期日は新緑が燃えさかる頃である。木々の命の輝きは、一方に自身の命の潰《つい》えを思わせもする。館林分校での訓練、練習、座学はハードだった。単に操縦法を習うだけではなく軍人としての生き様もたたき込まれた。「『お前たちは消耗品である』という一言に始まる訓示を皮切りに、死ぬことだけが生き甲斐といったような訓練がつづいた」(土田重鎮・東大十八史会編『学徒出陣の記録』)という。そういう教育に感化されたのか。分校にいたときの四月二十一日。同期の上原良司はこう書いている。

従容として悠久の大義に生きることこそ、吾人の最も欣快とするところなり、しこうして、例い、一片の肉残らずといえども、悔ゆる者に非ず。喜びて大空の醜の御楯とならん。

見習操縦士官であっても選ばれた者だ。彼らの多くは、「人生二十五年」だと思わされてもいた。長谷川信も死期がそう遠くないことを思って遺言を記したのだろう。猪苗代湖戸ノ口《いなわしろこ》は端艇部《たんていぶ》時代の思いが詰まっている場所だ。彼には想い人がいたようだ。その彼女と歩くのならばここを置いて他にない。五月二十四日、そして、六月八日の日記に恋の苦悶が記されている。

猪苗代湖、戸の口の静かな夕方。
薄く靄のかかつた鏡面のような湖、

あの寂かな喜びを、
Fと分かちあひたかった。
併しそれも空しい願い。

死すまで持ち続けるであろうFへの愛情
これは現実のFとは毫も関係ない。
唯、俺一人の心中のみにある。
それで充分なのだ。それでよいのだ。
F――それを伝へようか。
そんなことは問題でない。

若者は異性を想う。上原良司の愛はよく知られている。彼の愛読書『クロォチェ』（羽仁五郎著）に施された○をたどると、「きょうこちゃん、さやうなら。僕は　きみが　すきだつた」という文章が浮かび上がってくる、せつない話だ。

長谷川信の想い人はF。ローマ字に記号化されたその人は誰なのか、名字なのか名なのか。実は、Fのことを記した日記は、一般には見ることができない。先に書いたが、信の日記が『週刊現代』に貸し出された後所在不明になっている。この週刊誌では、昭和三十四年十二月十三日号で「戦争に失われた学徒兵の青春」を特集している。これには、『きけ　わだつみのこえ』に採録されていない信の日記の一部が載っていることを知った。そこで私は、世田谷区八幡山にある「大宅壮一文庫」に行ってこの号の閲覧を申し込んだ。ところが盗まれたとかで欠号になっていた。その後、国立国会図書館に行ってようやく見ることができた。

この記事で最初にFのことに触れた記述は、昭和十九年五月二十五日付のものだ。彼は単刀直入に思いを訴えていた、読んだ瞬間、富貴之湯の疎開学童の誰かにFの面影を浮かべたのかもしれないと思った。

—Fに対する恋、
Fを愛することにおいて俺は純一無雑だった。
一点の汚れもなかった。
幸福だった。
又悲しかった。

長谷川信の告白である。上原良司と同じように切ない思いを恋人に対して抱いていた。が、「Fちゃん、さようなら、僕は君が好きだった」では、全く味気ない。週刊誌記者が便宜的にFとしたものだろう。『きけ　わだつみのこえ』では五月二十三日に『梁川集』などを上官に取り上げられたことを記している。その名前は伏せ字になっている。個人的な日記にわざわざFと書いているとは思えない。おそらくは編集者が実名をFとしたのだろう。これによって我らは長谷川信の恋人はFという記号でしか想像できなくなった。なんと味気ないことよ。

先に紹介した、猪苗代湖畔戸ノ口辺りに分骨してほしいという件も『きけ　わだつみこのこえ』には採録されていない。

湖畔に石碑をという彼の思いは、父敬治、母シゲの両親によって叶えられる。「何もかも乏しい戦後の時代であったが、この両親の切ない心を理解するひとびとの協力もあった、湖畔戸ノ口のゆかりの場所に、日記の一節を刻みこんだ立派な石碑ができあがった。昭和二十一年五月のことである」（『明治学院大学百年史』）

この石碑が湖畔近くの山影にひっそりと建っているという。

長谷川信の手記に触れ、心動かされた人は少なくない。聞くところによると猪苗代湖畔、戸ノ口の石碑には花束を抱えた人がひっそりとお参りに行っているらしい。それを知ると旅心をそそられた。

会津を訪れたのは二〇一〇年の秋のことだ。武揚隊隊員長谷川信少尉の面影を求めての旅は、また機縁と奇縁とをもたらした。

私は、街を歩くのが好きだ。予約していたホテルは街の中心部にある、時間があったので歩こうと会津若松駅の一つ手前の七日町《なぬかまち》で下車した。歩いて行くうちにふと気がついた。彼のお墓にお参りすることは考えていなかったが、お寺の近くを歩いていた。もう日も暮れてきていたが、目をやるとこんもりとした杜が見えた。西蓮寺らしい。自然と足が向いた、境内に入ると「兵戈無用《ひようがむよう》」と彫られた石碑が西日に薄赤く染まっていた。「平和の塔」である。近寄ると台座に「学徒出陣された長谷川信氏（西蓮寺門徒）のこえ」とあって、その下に『きけ　わだつみのこえ』に載った文言が刻まれている。「明日から食堂に行って食卓に坐る時、お念仏をしよう」というものと、日記末文の人間獣性批判の二つだ。

「生き残った仲間の奥さんが前にお参りに来られたことがありました。確か茨城の人だとか言っていましたね」

住職の秋月亭観氏の話である。武揚隊の生き残りは少ない。済州島で不時着した吉原香軍曹ではないかと想像された。

「長谷川家のお墓はうちの寺では一番大きいのですよ。ちょっと暗くて見えませんけど、この入り口のところにある石は飾りが施されていて立派です。今はなかなかできません」

長谷川家は代々会津藩御用達《ごようたし》の御菓子屋だったようだ。彼に接した疎開学童の女児が何かおっとりしたところがあったと。家系の血に根ざしたものであったように思う。

その夜、泊まったホテルの側が彼の実家だったことを知った。その翌日、猪苗代湖まで歩いてみようと思った。彼が端艇《たんてい》部員だったときは湖までの二十キロを歩いていたという。考えた挙げ句その半分の距離ですむ、磐梯町《ばんだいまち》駅から歩くことにした。が、不案内な道を行き、迷ってしまった。

「ここは戸ノ口原というが、戸ノ口まではまだだいぶあるよ、まあ、乗っていけ」

途中で出会った農家の親父さんが軽トラックを出してくれた。湖畔まで行くと、「会津中学校端艇部戸ノ口艇庫跡」という石碑があった。彼が通ってきていたところだ。その近くのはずだが長谷川信の石碑は見つからない。それでも安積疎水《あさかそすい》十六橋を渡っていくと山懐に石碑が見えてきた。

「ああ、あれだな。時折お参りしている人は見かけるな……」

やはり訪ねて来ている人がいる。その親父さんは手を挙げて軽トラックで行ってしまった。するとすっかり静かになった。本当に静かな山懐にそれは抱かれて眠っている。台座の上の黒曜石は一メートルにも満たないものだ。しかし、長谷川信らしくていい。

長谷川信　碑

俺は結局凡々と生き凡々と死ぬ事
だろうがたつた一つ出来る涙を
流して祈る事だがそれが国泰かれが
親安かれか知らない祈ることなのだ
大正十一年　会津若松市に生まれ
　四月十二日
昭和二十年　沖縄南方上空に散る

長谷川信　碑

あからさまに自分の思いを述べないで読む人の判断に読みをゆだねる。長谷川信の文体だと思った。碑も質素で、文言にも余計な飾りがない。

長谷川信は、台湾へ渡る途中米軍機に遭遇して撃ち落とされた。特攻戦死の場合は二階級特進となり大尉が授けられるが、彼は少尉のままだ。『知覧特別攻撃隊』（村永薫編）の巻末に「陸軍特別攻撃隊員名簿」があるがこれには加えられていない。記録されざる特攻隊員である。

しかし、この猪苗代湖畔の長谷川信碑は、この世に彼がいたことをそっと示している。これで永遠に彼の名は保たれるだろう。

石碑は猪苗代湖から少し離れたところにあった。私は湖畔まで行き、岸辺に繋がれたボートと湖面とを撮って、会津訪問記をネットのブログに載せた。因縁が因縁を呼ぶ。この記事をネット検索で引っ掛けた人がいて、武揚隊の物語は新たなページを開くことになった。

第４章　武揚隊の遺墨発見

（一）驚きの電話

二〇一二年三月のことだ。見知らぬ人から電話がかかってきた。長野県安曇野市に住む丸山修さんである。彼の話を理解するのに時間がかかったが、こういうことだった。彼はかかり付けの歯科医田澤澄江さんからある依頼をされた。彼女はお母さんの箪笥《たんす》の中から和綴《わと》じ帳を見つけた。それはＢ５版ほどの大きさで何人かが墨筆でサインをしている。しかしそれが何を意味するのか彼女にはよくわからない。この調査を託されたのが丸山さんであった。

丸山さんは、和綴じ帳のサインに「武揚隊」と記されていることに着目した。それで「信州　武揚隊」と入れてネット検索に掛けた。すると私のブログが真っ先に引っかかったという。

「猪苗代湖の湖面にボートが浮いている写真です」

「ああ、あれは猪苗代湖に行ったときのものです。武揚隊に所属していた長谷川信少尉の石碑が湖畔にあって、それを調べに行ったときのものです」

「そう、そのサインには武揚隊と書いてあります」

「とすると隊員の名前が書いてあるわけですか？」

「はい」

「じゃあ、どんな名前がありますか？」

彼の手元には現物があるようだ。

「長谷川少尉」

「えっ！」

「最初に出てくるのですか？」

「はい」

驚きだった。

「では、次は？」

「ごみぐんだいって読むのかな？」

「あ、それは五来《ごらい》です。五来軍曹です」

因縁の人、武揚隊を調べ始めるきっかけとなった兵である。

「次は、武揚隊長　山本中尉です」

「そう、それは隊長、全員を統率する隊長です。でも若いのですよ。陸士出の二十三歳です……今挙げられた人は皆武揚隊隊員です。彼らが浅間温泉にいたということはわかっているのですが、サイン帳が実際に残っていれば明確な証拠となりますね」

私は丸山修さんとだいぶ話し込んだ。その結果、まず和綴じ帳をＰＤＦファイルにして送ってもらうことにした。

その日のうちに電子化された和綴じ帳が送られてきた。クリックして文字が現れたとたん息を呑んだ。直筆の墨書は生々しい。武揚隊の隊員の多くが思いを書き残していた。武揚隊のメンバーは十五名である。名簿と照らし合わせてみると十一名がサインしていることがわかった。この持ち主は田澤澄江さんの母、高山宝子《たまこ》さんだ。彼女は富貴之湯に和綴じ帳を持って慰問に行った。そのときに隊員に書いてもらった。それが今発見された。

高山宝子さんは松本高女を昭和十八年三月に卒業している。その後一年間教員免状を取るために補習科に通い、十九年三月に終了して小学校の教員になっている。

高山宝子さんは飯沼芳雄伍長と松本の田川小学校で同級だった。その関係で彼が富貴之湯に来ていることを知り、慰問した。時期は昭和二十年三月だろう。

和綴じ帳は彼女にとっては思い出のサイン帳であった。彼女の友人や先生が卒業に当たってのはなむけの言葉を書いている。宝子さんはそれを特攻兵の慰問のときに持って行った。その余白にサインをしてもらったようだ。これが何日だったのかはわからない。

しかし、丸山修さんからの話では関係者がおられるとのことだった。それは高山宝子さんに一緒についていった人二人と娘さんの三人だ。

（二）自筆墨書の生々しさ

二〇一二年三月二十日、私は取材行で馴染みとなった中央線特急「あずさ」で松本へ向かった。そしてその関係者とは浅間温泉目之湯で会った。武剋隊の将校たちが泊まっていた旅館で今も往時のままである。仲介者の丸山修さんは、私を駅で出迎えてくれた。宿に向かう途中でそば屋に立ち寄った。このときに遺墨の実物を見せてもらった。

和綴じ帳をそっとめくる。すると高山宝子さんの友達や先生の言葉が書かれている。数枚めくった後に、隊員たちが書いた言葉が出てきた。その筆跡は生々しい。墨で書かれた文字は厳つく、尖っている。文字もたっぷりと墨を染ませて書かれていて、彼らが思いを込めて書いているのがわかる。

「書いた文字に魂が籠もっていますね、しかしよくもまあ今までこれが残っていたものですね……」

蕎麦屋を出ると空の色が変だった。

「黄砂《こうさ》ですよ」

丸山さんは空を見上げて言った。

「へぇ、そうなんですか」

新京からの特攻二隊は大陸から飛んできた。黄砂もまた同じ大陸からやってきていた。大陸の空と日本の空とはダイレクトに繋がっていると実感した。

「この松本に特攻隊が来ているなんて全く知らなかったんですよ。しかも満州から来ていたんですね。全く不思議ですね。いや、それでね、私は浅間温泉の目之湯とは長いつきあいなんですよ。あそこに特攻隊の将校が泊まっていたなんて、今回のことがあって初めて知りましたよ」と丸山さん。

その因縁の宿に着いた。そしてここでもう一つの資料をみせてもらった。高山宝子さんのアルバムである。

「あれ、同じものがあります！」

富貴之湯の庭で特攻兵と女児とが一緒に写っているものだ。これだけでなく兵隊数名が組になって写っているものと個別の写真もあった。武揚隊の隊員に間違いない。しかし、誰が写っているのかはわからない。このアルバムは和綴じ帳と一緒に出てきた。とすれば遺墨と写真には深い結びつきがあるはずだ。

後にやってこられたのは三人の女性だ。まず高山宝子さんの娘さんの田澤澄江さん。次が宝子さんの従姉妹の矢ヶ崎照子さん（昭和六年生まれ）、同じく山口里子さん（昭和十年生まれ）だ。後のお二人は高山宝子さんが富貴之湯に慰問に行ったときに一緒についていっている。

「和綴じ帳は母の箪笥の中にずっと眠っていたものです。初めて目にしたとき、驚きました。何人もの人が決意のようなことを書いていますから、ただのサイン帳ではないと思いました。一体これは何か、とても気になっていました。自衛隊の松本駐屯地でイベントをやるんですが、そのときにこれを持って行って聞いたのですが、向こうの人もわからないというのです。市役所とかに持って行って調べてもらうといいと言われたのですけどね。そのままになっていたのを丸山さんにお願いしたのです」

「この浅間温泉に武剋隊がいたことは疎開学童資料や新聞などからわかっています。ところが武揚隊のはありませんでした。今回のものが初めてです。そういう点でいうとこれは貴重な資料です。武揚隊が松本にいたことを裏付ける第一次資料となります」

浅間温泉と松本飛行場との関係、また、本土防衛に当地がどのようにかかわっていたかがわかる、近代戦争史の資料としても大事なものだ。

「書かれたものが特攻隊員のものだとすれば、ここでこういうものを書いていたというのはご遺族も知らないと思うのです。その人たちにこれが渡るといいのですが……」

田澤澄江さんの希望である。

「もうあれからだいぶ経ってしまいましたので細かいことは覚えていません。でも私はおばちゃんに誘われて行ったと思うんです」と里子さん。

「私は高女に通っていましたけども、私たちだけではなく他にも高女の人がいたと思います」と、これは照子さん。さらに、

「ああ、それで思い出したのですけど、行ったときにお人形を作って持って行きました。小さな座布団に女の子が座っていて、それに糸がついていてつり下げされるようになっているのです……」

「ああ富貴之湯にいた疎開学童も作っていましたね」と私。

特攻兵を慰問に行くときの礼儀や形というのが既にあったようだ。

「武揚隊の隊員は全部で十五名なのです。そのうちの十一名が揮毫《きごう》しています。多くがそろっていたことになります。多分、三月のことなんですけど。その日がいつなのかを調べていますが、これが難題なんですよ」

「慰問に行ったのは夜でしたね。私と姉ちゃんが行っていますから松本渚《なぎさ》から行ったのだと思います。記憶ではその時が最後の夜だったようで、明日は出撃みたいなことを話しておられました。それで次の日

ですけど、戦闘機が渚の家のところに飛んで来て、皆さんが名残惜しそうに上空を旋回して行かれたのです。その飛行機に向かって手を振ったのは今でも覚えています……」

これは照子さんの記憶である。とすると、「浅間温泉望郷の歌」を富貴之湯の舞台で隊員が歌った日のことだったのだろうか？

（三）武揚隊の行方を追う

二〇一二年三月に武揚隊の遺墨を巡って関係者から話を聞いた。高山宝子さんたちが彼らを慰問に行って、その夜を最後として翌日には飛び立ったという。

その後、彼らはどうなったのか、武剋隊や武揚隊はどのような軌跡をたどって行ったのか。前者については沖縄戦緒戦《しょせん》において武勲を立てたということで彼らの記録はきちんと残されている。ところが、後者については台湾八塊飛行場を目指したことはわかっているが、その詳細は不明だ。

私は、彼らの軌跡を追って二〇一四年三月に九州新田原に取材をした。三泊四日、歩きづめに歩いて資料を探したり、旧跡を探訪したりした。

旧軍新田原飛行場も訪れた。現在は自衛隊の基地となっている。かつては南方戦線に向かう戦闘機や大型輸送機はここを中継基地として前線に向かっていた。

昭和十九年の暮れ、飛行場から二十名ほどの若者を乗せた乗用車が宮崎市に向かった。まずは神武さまと言われている宮崎神宮の拝殿で「せいさんな祈り」を捧げたという。そして大淀河畔の料亭「紫明館《しめいかん》」に行くと山海の珍味が饗された、が、彼らは黙々と食べ、黙々と盃を交わし、そして最後は力一杯に軍歌を皆で歌って消えたという。南方戦線に向かう特攻隊だった。

地元で調べてわかったことは、「紫明館行き」というのは符丁《ふちょう》だそうだ。ここで大ご馳走を振る舞われて世の名残とする。密かにそう呼ばれていたそうだ。

不思議なことがある。富貴之湯の隣が小柳の湯である。ここには山崎校の疎開学童がいた。やはり特攻兵がいて彼らとふれ合っている。その一人の長谷川直樹さんは小林三次郎さんから昭和二十年四月三日付の葉書をもらっている。「途中事故もなく全機集結、出撃の日を今日か明日かと心待ちにして居ります」とある。これは何隊なのかわからない。しかし、容易に推理できることがある。ちょうどこの頃、第八飛行師団の参謀福澤大佐が新田原に来て誠隊の特攻の指揮を執っていた。これに合わせて誠隊は続々と新田原に集結してきていた。

この作戦の一環として、武揚隊もここに飛来し、また武剋隊後半隊六機はこの新田原から出撃している。小林三次郎隊もこの動きと連動したものだろうと考えられる。つまり彼らも誠隊系統の一隊であったと考えていい。

いわゆる大本営直轄の特攻隊武剋隊、武揚隊などは、新田原飛行場そばの八紘荘《はっこうそう》に陣取ったが、それ以外は周辺の旅館などに泊まったようだ。それが小柳の湯隊ではないか。小林三次郎さんが出した手紙の発信地は「紫明館」となっていた。これは「宮崎県宮崎郡佐土《さど》原町《わらちょう》紫明館」である。

私はこの紫明館を探しに佐土原まで行った。新田原飛行場の近くである。聞き込みでわかったことは、ここは宮崎市の紫明館と経営者が同じだったということだ。軍関係の接待ということで、この料亭でも宮崎と同じことをしていたらしい。新田原飛行場に近いことから特攻兵を泊めてもいたようだ。しかし、小柳の湯隊の行方は突き止められなかった。新田原を飛び立った後、今もって彼らの行き先は杳として知れない。

この新田原取材行では宮崎神宮に参拝した。新田原飛行場に降り立った特攻兵の多くがここに参拝し、戦勝祈願をしている。飛び立てば本土とはお別れだ。祖国の皇祖と繋がるここでは気を引き締めて祈った。神宮のご祭神は、神日本磐余彦天皇《かむやまといわれひこのすめらみこと》、すなわち初代天皇、神武天皇である。幼名を狭野命《さののみこと》と言い十五歳のときに皇太子となって当地で政治《まつりごと》を執られた。後に東征し大和を都とした。この宮崎が「皇祖発祥の地」といわれる所以《ゆえん》である。本土を発つにあたって、武揚隊もやはりここに来ている。その期日もわかっている。昭和二十年（一九四五）四月のことだ。

> 四日午後、誠三十一、武揚隊の一同とともに分廠の大型バスで宮崎神宮に参拝し、古式にのっとって出陣式を行った。隊長の山本薫中尉（陸士五十六期）以下特攻隊員と、福澤参謀、鈴木中佐（新田原飛行場司令官）、古川戦隊長らが神前にならび、土器で御神酒をいただき、スルメや昆布、神苑のミカンをそなえ、神官のおはらいをうけ、心から必勝を祈願したのである。
>
> （会報『特攻』第46号　平成十三年二月「特攻隊の裏方」菱沼俊雄）

この『特攻』所収の記事は偶然に見つけたものだ。これを執筆された菱沼俊雄氏は武揚隊と深いかかわりのあった人だと後になって知った。このことが実は本書を書こうと思い至った大きな動機である。これについては後で述べる。

私は、宮崎神宮に参拝した時社務所を訪ねた。ここで権宮司《ごんのぐうじ》黒岩昭彦さんにお会いした。このときに二点を尋ねた。まず、南方や沖縄へ向かう途中の特攻兵が数多くここへ参拝に来ていることの事実確認。そして昭和二十年四月三日、武揚隊の隊員が参拝に来たときのその記録の存否についてだ。

(四) 宮崎神宮から

私が神宮を訪ねたのは二〇一四年三月だ。それから一年以上経った夏に、宮崎神宮から社報『養生』の初夏号が送られてきた。ここに黒岩昭彦氏が「戦後七十年『戦争の記録』――宮崎神宮に参拝した特攻隊員――」と題して文章を書かれていた。一読して驚いた。私の訪問がきっかけとなって古い歴史を持つ神社の社史の一端が解明されたと記されていた。氏は率直に「特攻隊員が出撃にあたり特定神社に参拝する事例の有無を筆者は寡聞にして知らない」と述べ、「隊員たちが宮崎神宮にお参りしていたということは、恥ずかしながら初耳であった」と記している。その上で、「以下、きむら氏の研究成果にも導かれながら、宮崎神宮にお参りした特攻隊員の『戦争の記録』を見ていきたい」と書かれている。次はその引用だ。

きむらけん氏の問いは、事が特攻隊員の話であったので、ずっと気にかかっていた。そこで数日後、

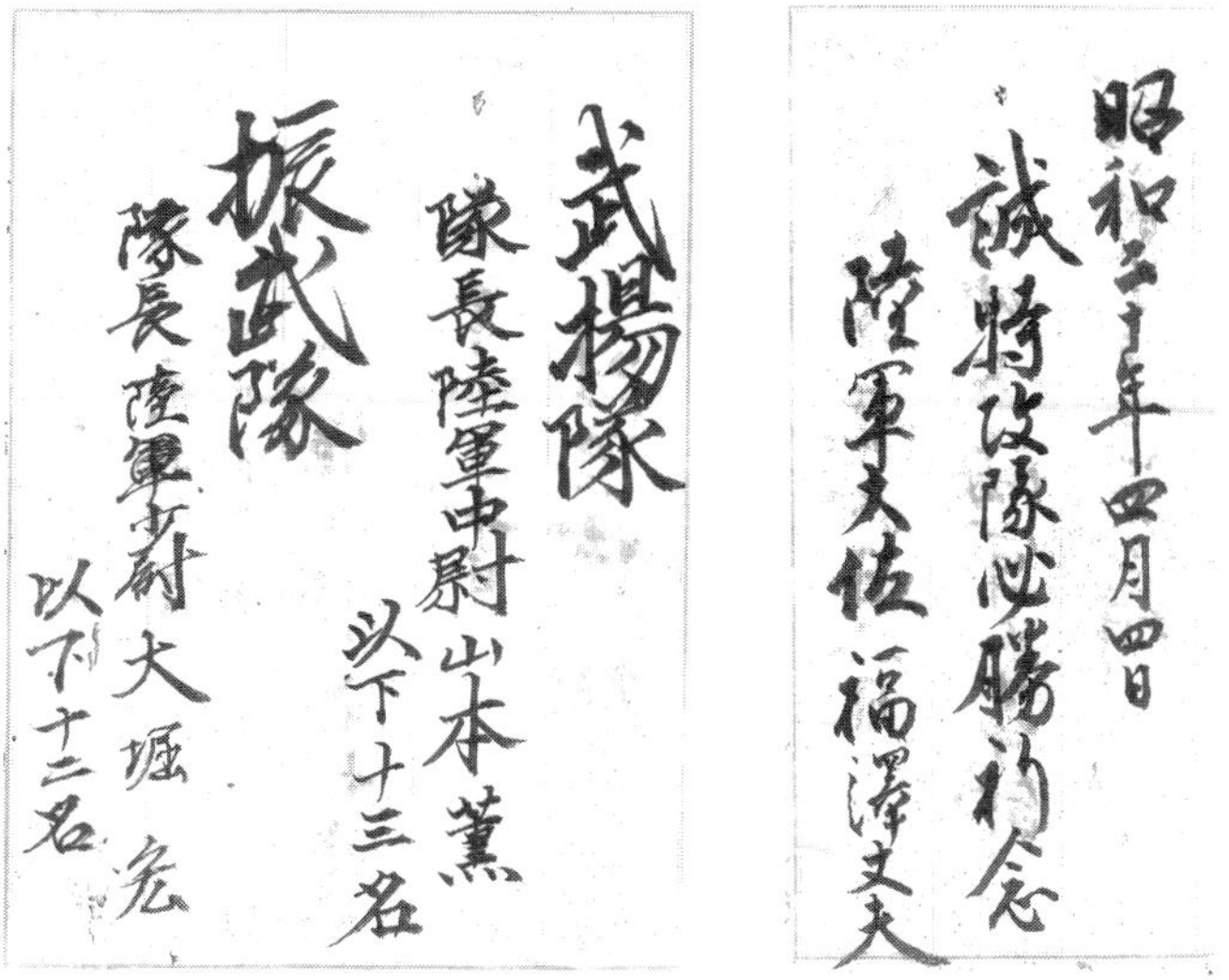

昭和二十年当時の「宮崎神宮芳名録」に名前が遺されているのではと思って書庫を調べたところ、少し虫喰い状態になってはいるものの、確かに当日の参拝記録は存在した。そこには、

昭和二十年四月四日
誠特攻隊必勝祈念
陸軍大佐　福澤　丈夫
武揚隊
隊長陸軍中尉　山本　薫
　　　　　　以下十三名
振武隊
隊長陸軍少尉　大堀　宏
　　　　　　以下十二名

と雄渾鮮やかに墨書してある。

この記帳から、きむら氏が尋ねられた通り、宮崎神宮に特攻隊員が正式参拝していたことは事実であ

り、「誠隊」（三一飛行隊）、「武揚隊」と「振武隊」の二十五名程の隊員たちが参拝したことが分かった。

まず記録されているのは、福澤丈夫大佐である。第八航空師団の参謀だ。台湾から派遣された彼は、この新田原で誠隊の指揮を執っていた。それで武剋隊後半、武揚隊、また他の誠隊もここに集結していた。武揚隊の隊員は、三日に出撃した武剋隊後半隊の六機を見送った。その翌日に宮崎神宮に戦勝祈願に訪れていた。隊長以下とすれば十四名になるはずだ。もう一人はどうしたのか？　これは隊員の長谷部良平伍長である。松本飛行場から飛び立って各務原に着いた。ところがエンジンが故障して動かなくなった。やむなく修理のために戦列を離れた。

この日大堀宏少尉率いる第四十振武隊も一緒に参拝している。この隊、もともとの所属部隊は第八飛行師団である。指令によって誠隊は新田原に集結していたが「残余の特攻隊は福澤大佐の臺灣帰還とともに第六航空軍に転属された」（『戦史叢書』）とあるが、その移籍組に違いない。この隊は四月十六日に知覧から出撃し、六名が特攻戦死している。隊長の大堀少尉は不具合があって出撃せず、この六名の中には入っていない。

特攻隊の新田原集結は遅れていた、ところが、三月末になってようやく各隊が当地に飛来してくるようになった。『戦史叢書』は、「特攻隊前進遅延に対する処置」として次の記事を載せている。

第八飛行師団が中央から配属された特攻一一コ隊は当初、全部に臺灣に前進させる計画で、その促進のためにまず川野参謀を、次いで西参謀を内地に派遣したことは述べた。幸いに両参謀の昼夜にわたる努力の功あって、師団に配属された特攻隊は逐次、装備を整え九州に向かい前進中で、三月二十五日ころには既に先頭の数隊が新田原に到着していた。

川野参謀は明野や松本まで飛行機で訪れ、武剋隊や武揚隊に新田原への集結を促した。その指示が効いて九州に各隊が飛来してきた。二十五日段階で把握されている動向が引用文の後に細かく記されている。新京発足特攻四隊では、第四十一飛行隊、扶揺隊が新田原に、第三十二飛行隊、武剋隊と第三十九飛行隊、蒼龍隊が健軍に着いている。ところが、この一覧に第三十一飛行隊、武揚隊の名は見あたらない。この段階では九州に着いてはいないのだ。

具体的な事実で言えば、二十四日に武剋隊全半隊九機が新田原に着いて、翌日に健軍飛行場に飛んでいる。二十六日に大刀洗を発って新田原に着いたのは扶揺隊である。そしてここの空中勤務者専用の八紘荘に入っている。

武揚隊の飛来は遅れに遅れていた。読者は記憶にあると思う。三月二十八日に浅間温泉富貴之湯上空で宙返りをした隊員がいた。疎開学童たちを驚かせた武揚隊隊員は吉原香軍曹だ。ところがなんと驚いたことがある。扶揺隊の久貫さんは到着した日に武揚隊隊員に出会ってる。

新田原基地に到着、到着申告後基地近くの八紘荘に宿を取る。この宿は各特攻隊の宿泊所に指定されており見知らぬと号隊員が待機していた。その夜廊下でばったり同期の海老根重信と顔を合わせた。

お互いびっくり交わす言葉は、

「おう、来ていたのか。いつ来たんだ」他の同期も来ているはずだと思い、

「他の連中は」と聞くと次のように話してくれた。

俺達第三十一飛行隊（山本薫中尉を隊長として同期生の海老根、柄澤、五来、吉原、他四名）は朝鮮、上海経由台湾に行く事になり、三十二飛行隊（廣森中尉を隊長として同期生の今野、出戸、嶋田、大平他四名）は昨日知覧に前進した。

（『憧れた空の果てに』）


著作は、久貫軍曹の記録、他の仲間の回顧、追想をもとに菅井薫氏本人が再現したものだという。多くの場面は当人たちの会話入りで描かれている。武揚隊などの動向を知る上でも貴重だ。が、この部分、つまり昭和二十年三月二十六日に、新田原八紘荘に武揚隊の海老根重信伍長がいたという事実は私は疑わしいと思っている。こんなに早く着くはずはないのではないか？

「久貫さんは、八紘荘で海老根伍長に出会ったと本には書かれていますが、彼はまだ新田原に着いていないと思うのですよ」

私は久貫さん本人に質問をぶつけた。

「いや、いた！」

が、彼は一言で否定した。「そんなはずはない」とは私は言えなかった。しかし、記録は事実を裏付ける。武揚隊への師団命令は彼らが浅間滞在中の三月二十五日に出されている。『戦史叢書』にはこうある。

師団は諸情報を総合した結果、連合軍の本格的沖縄上陸企図がいよいよ顕著となったので、九州に到着しつつある特攻隊のうち臺灣への機動困難なものは逐次、九州方面から沖縄の戦闘に加入させることに決し、二十五日二三〇〇左記命令を発した。

機動困難な飛行機は直接九州から行かせるというのも正確ではない。特攻機は多くが中古機である。なだめなだめしてようやく動かしている。武剋隊と武揚隊、後者は台湾へ行くことになったが、九九式襲撃機はエンジンなど不具合を抱えていた。師団司令部は九州に早くに着いた機の動向は掌握していた。が、それ以外は掴めていなかった。それで米軍の沖縄上陸を前にして到着した機から泥縄式に行き当たりばったりに出動させていたのではないだろうか。武揚隊は九州に到着しないままに、二十五日深更になって「第八飛行師団命令」は発せられた。これは五点出されているが、その第三だ。

三、西参謀ハ九州ニ到着セル誠飛行隊ヲ指揮シ左ノ如ク処理スヘシ
（一）誠第三十一、第三十三乃至第三十五、第三十九飛行隊ハ適当ナル誘導機ヲ附シテ上海経由臺北ニ前進セシム
（二）誠第三十二、第三十六乃至三十八乃至四十、第四十一飛行隊ハ沖縄（中又ハ北）又ハ徳之島飛行場ニ前進シテ神参謀ノ指揮下ニ入ラシム

西参謀は第八航空師団から新田原に派遣された西篤少佐だ。まず、彼は武揚隊をはじめとする四隊を指

示して台湾へ行かせるという命令を得た。この命令通りに三十一（武揚隊）、三十三、三十五は台湾に向かう。ところが、三十九飛行隊は、（これは新京編成四隊の一つの蒼龍隊である）命令の変更があったようで四月一日に新田原から特攻出撃している。この隊は、前にも述べたが武剋隊、武揚隊同様各務原での爆装改修が予定されていた。が、早くに着いていることから松本には行かなかったようだ。戦闘機は一式戦、隼だった、松本ではなく他の飛行場で爆装改修を行ったと推測される。

次に九州から沖縄への直行組である。第三十二は、前半隊の武剋隊だ。新田原から健軍、そして沖縄中飛行場に飛び、ここで神参謀の指揮下に入った。第三十六と第三十八は新田原から四月六日に出撃している。

誠第四十は、四月四日に武揚隊とともに宮崎神宮に参拝している。このとき既に第六航空師団に転属していた。そして前に述べたように四月十六日に知覧から出撃している。

さて、師団命令を受けて、武揚隊は台湾行が命じられた。ここに「適当ナル誘導機ヲ附シテ上海経由臺北ニ前進セシム」とある。先に、『特攻隊の裏方』を書いた菱沼俊雄さんのことを述べた。武揚隊に大きなかかわりがある人だと。実は、この人こそ武揚隊を台湾に誘導した飛行機の機長だったのだ。

第５章　山本家資料の発見

（一）ＳＮＳからの新情報

これまでは多くの情報がブログを通して集まってきていた。ところが今回のは違う。新手のメディアだった。それは、二〇一六年十月二日に突然ＳＮＳ経由で送られてきたメッセージである。

初めまして、山本と申します。
徳島県小松島市在住で特攻の武揚隊隊長山本薫の遺族です。
先日、家族で台湾に行くことが出来ました。
松本でのお話しを聞かせていただきたいと思っています。

発信者は山本喜美代さんだ。ご主人が富繁さんで、山本薫中尉の弟、裕康さんのご長男であった。私は早速返信をした。

こんにちは、驚きました。山本薫中尉のことはずっと調べておりました。故郷が徳島だということは知っておりました。インターネットに台湾で書かれた遺書が掲載されていて苦難の道のりをたどった武揚隊隊長の思いを知ったことです。

このネットを通して浅間温泉滞在時の武揚隊隊員の遺墨が見つかり三年前に松本博物館に展示されました。また、わたしは九州新田原に足跡を訪ね、その折に宮崎神宮に立ち寄ったところ山本薫隊長が九州を発つ前にここで記帳をしたことを知りました。

当方、遺墨に記された隊長の短歌をＰＤＦに焼き付けて持っておりますので、お送りします。しかしなんとも奇遇です。

どうして私に連絡することになったのか、この辺りの事情を聴くと山本さんからは次のような返事を頂いた。

当方、先生のことは、自分の娘から教えてもらいました。主人と二十二歳で結婚してから、薫のことは主人の母から聞いてはいましたが、若い頃はそんな深く考えもせずにいました。六十歳を過ぎて、子ども達が親元から離れてから薫が自分の足で大地を踏みしめた跡、その場所に行って、薫の心の叫びや想い、それらを自分で感じて受け止め小松島の両親の墓に届けたいと思うようになりました。

このことを娘に話をしたら、台湾の八塊飛行場を探しに行こうって言ってくれて、ネットで「特攻隊・台湾・山本薫」で、検索したそうです。そうしたところ、先生の著書を見つけ、『鉛筆部隊と特攻隊』を初めとする、これまで出された三冊の本を購入しました。台湾から帰ってから、先生は私達の知らない松本での薫のことをご存知ではないかと思い、ご迷惑を顧みず勇気を出してご連絡をさせていただきました。

これをきっかけにして山本家と何度か連絡をするうちに、遺書、手紙、関係書類など多くの資料があることがわかった。

台湾に渡った武揚隊は八塊飛行場から出撃している。叔父を偲《しの》んで家族四人で訪ねて行ったらしい。そのときに私が武揚隊のことを調べていることを知って連絡を取ってこられた。山本薫中尉の母親は若くして特攻に行って亡くなった息子のことを忘れがたく思い、一切合切の資料を大事に取って置いたそうだ。

「戦後になって米軍が特攻隊のことを調べに家宅捜索に入るなどという噂があったようですが、薫さんのお母さんは蔵に隠したそうです。その手紙とか、多くの資料があります……」

「それは近代戦争史の貴重な記録ですよ」

山本薫隊長について当方が得ている資料は、遺墨に書かれた短歌一首だけだった。

二〇一二年八月、市立松本博物館で『戦争と平和展』が開催された。発見された武揚隊の遺墨を中心とした展示だ。私は開催に先立ってＮＨＫ長野放送局でインタビューを受けた。そのときに隊長の山本薫中尉の人となりについて質問を受け、冷や汗をかいたことがある。彼についてはよく知らなかった。その資料があるのであればぜひ読んでみたい。

その願いは叶った。山本家所蔵の資料、手紙、遺書などが手に入り、これに目に通すことができた。今までわからなかった彼の生の人間像が見えてきた。この新たに見つかったものを山本家資料としよう。

武揚隊関連では、二〇一二年に高山宝子さんが持っていた和綴じ帳が発見された。これには武揚隊の隊員十一名がそれぞれに揮毫している。その思いは断片的なものだ。

松本浅間温泉にかかわる特攻隊については三冊著した。第一巻目の『鉛筆部隊と特攻隊』ではこの遺墨の分析をしているが、時が経って新たにわかってきたこともあった。今回の山本家資料は遺墨の内容を一層深めるものとなった。それで、山本薫中尉を中心に武揚隊の遺墨について改めて検証してみたい。

(二) 武揚隊の遺墨再検証

(1) 武揚隊隊長　山本薫中尉

いざ行かん
　浅間の梅を
　　えびらさし
わたつみ遙か
　　香とゞめん

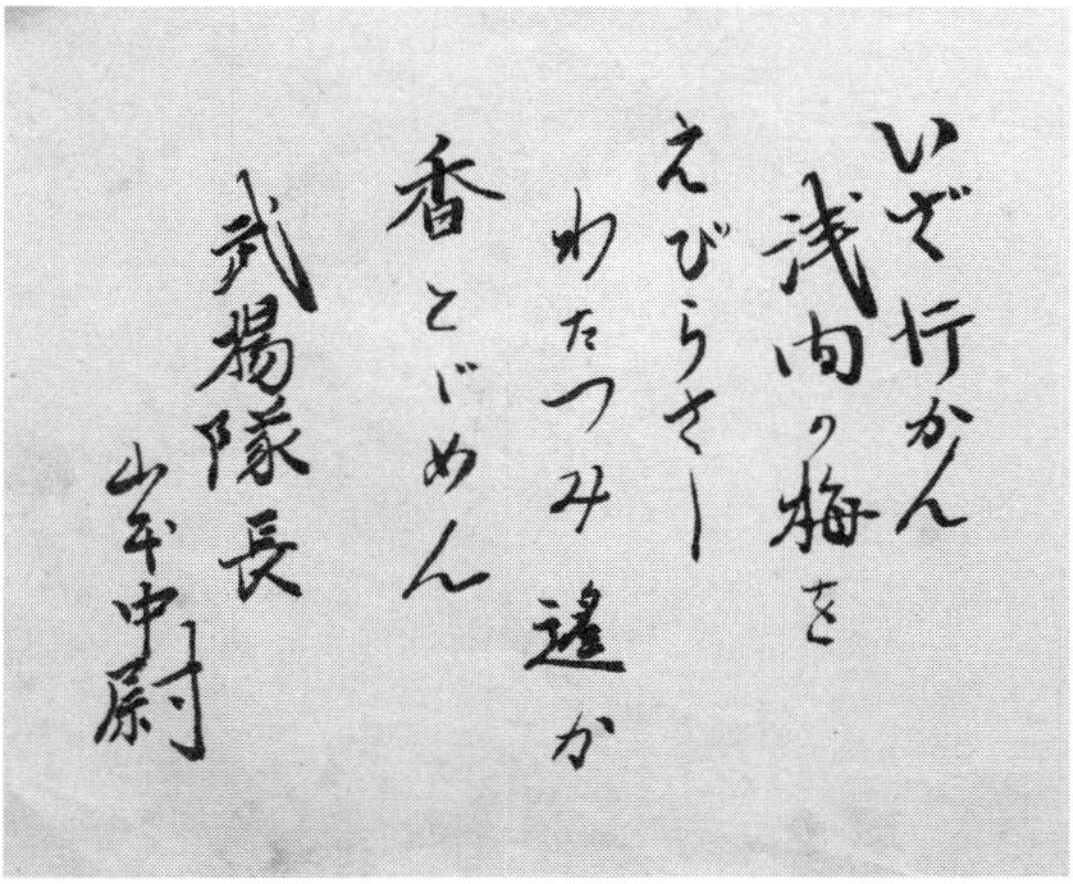

山本薫中尉の遺墨

武揚隊長 山本中尉

富貴之湯で、隊長は疎開学童を寄せつけなかった。多くが厳しい隊長だったと証言していた。ところが遺墨には風雅の心が描かれていた。意外だった。

「えびら」は箙、矢を入れて背負う道具だ。その矢の代わりに浅間の梅を挿して征く。箙に矢の代わりに梅を挿して奮戦したという梶原景季《かげすえ》の「箙の梅」を踏まえてのことだろう。遙か南方の海の神霊の住むところへ出撃し、そこに浅間の梅の香りを留めよう。思いは文学的である。浅間に対する郷愁がこれには漂っている。遺墨の文字は、きっちりと並べて書いてある。そこに真面目な性格が表れてもいる。

浅間温泉から出した手紙

今回、山本家より多くの資料を得た。この中に浅間温泉滞在時のものが数通見つかった。郷里の母に宛てた手紙類である。便箋に書かれた手紙は一部だけしかないものがある。日付のあるものは少なく、いつ出されたものかわからない。しかし浅間温泉滞在中のものゆえ昭和二十年三月に出されたものだと判断できる。これらの書簡を文面や文脈から推測して時間順に並べてみた。まず、最初のだ。

拝啓　大分春らしくなつて来ましたね。母上様の御体の具合はどうでありますか私も相変わらず元気ですから御安心下さい。

扨今回栄ある大命を拝し感激してゐます。愈々南方第一線に愛機を駆つて突撃する事になりました。もう唯、一死奉公あるのみ。母上様にも是と言ふ孝行も出来ず誠に申し訳ありません。然し此の上は思ふ存分敵と差違へ一人でも多くの米鬼を地獄の道案内とする覚悟、生きて再び内地の土地を踏まうとは毛頭考へません。母上様ももう薫は無きものと思召し下さい。思ふに薫は観音様より授かりし子とかよく聞きました。漢語にも「身を立て道を行ひ名を後世に挙げ、以て父母を顕すは孝の終りなり」とか、廣大無辺の皇恩の万分の一に報じ奉り以て神國を護らんとする決意や真に重大であり荘重であります。私は十幾人かの若い部下を率いて戦場に参ります。真に可愛い奴ばかりで中には家庭の事情御気の毒な人もあります。然し皆殉国の至誠に燃えてゐる様子は正に神様のやうで修養の至らぬ私が果たしてよく此の重任を果たし得るや。彼等を立派に死に就かし得るやを恐る次第です。若し私が死んだ後、部下の人達の遺族の方々へ宜しく御伝へ下さい。今松本にありて大いに鋭気を蓄えてゐます。先に電報を打ちましたが、今芙祥子の受験前とて忙しい事と思ひます。蔭ながら芙祥子の合格と将来の幸福とを祈つてやみません。軍装品等必要なものあれば私の使つたものを裕康にやつてください。次に裕康の嫁は営外居住となれば早く決めてやつて下さい。私はもう此の世の中に何も思ふ事はありません。

祈るは唯　皇運の無窮
信ずるは唯　必勝
期するは唯　突撃
一人にても多くの米鬼を地獄の道案内と致し敵艦に乗つて再び生れ変わつて又米鬼をやつつけます。そして何度も何度も七度も生まれ変わつて米鬼をやつつけます。そのためが悪業であれば敢て極楽へ行かうとも思ひません。唯々私の一念は米鬼撃滅の鬼と化し、護国の鬼たらんとするものであります。今や艦載機迄生意気に我本土を犯さんとしてゐます。癪に触つてたまりません。然し日本は必ず勝つでせう。今の頑張りが大切です。どうか銃後、後の事はしつかり頼みますよ。薫が戦士したと聞いたら喜んで下さい。肉体は死んでも心迄は死んでおりません。薫は永遠に生きて米鬼と斗つてゐます。
私は軍刀を二本持つてゐましたが最愛の軍刀は（肥前忠吉）家に送りました。どうか裕康にあの軍刀を持たせて私の分迄も立派な御奉公をさせて下さい。私なきあとは裕康に裕康なき後は芙祥子に楠公七生の御奉公の如く（小さい事ですが）一家をあげて神州の護持に邁進しませう。
薫は今迄偉大なる父上様母上様の養育を受け本当に幸福でした。どうか母上様薫の死を喜んで下さい。
御健康と芙祥子の幸福、裕康の武運を御祈りします。これが最後の手紙やも知れず

薫より

母上様

冒頭「春らしく」とあることから三月に入って出されたものだろう。松本滞在については「先に電報を打ち」とあることから、取り急ぎこれによって知らせたのだろう。そして改めて手紙で「今松本にありて大いに鋭気を蓄えてゐます」と知らせた。すなわち、近況報告である。文中、芙祥子とあるのは中尉の妹であり、裕康は弟である。

この手紙、字がとても丁寧に書かれている。気合いを入れて記したようだ。母に向けての告白に他ならないものだったからだ。この手紙を読んで感じられることは、彼の人柄だ、極めて真面目で、そして几帳面なことだ。自身の考えについては率直に書いている。

浅間滞在中に隊員の多くは帰郷している。例えば長谷川信は特攻兵として選ばれたことを父にだけは伝えている。後で知った母が浅間まで息子に会いに来ている。生みの親へ事実を伝えることには勇気を必要とした。帰郷したとしても特別攻撃隊に選ばれたことは母にだけは言えなかったと多くの隊員が語っている。が、山本薫中尉は隠すことなく事実を伝えた。

まず山本隊長は「栄えある大命を拝して感激」したことを述べ、「一死奉公」を為して国家に報いたいと決意を語る。そして、「母上様ももう薫は無きものと思召し下さい」きっぱりと述べている。

この手紙、もらった方の母アサノさんは何十回と読んでは涙を流したことだろう。「肉体は死んでも心は死なない」のくだりは、一層に母の胸を締めつけた。息子、薫から来た手紙は捨てられなかった。戦後、特攻兵については米軍から追及されるかもしれない。そんな噂があったが彼女は蔵の奥深くに皮鞄にしまって隠したという。

二十三歳の青年将校は特攻隊に選ばれたことの矜持《きょうじ》と喜びとを強く持った。そのことは責任の重さともなっていたであろう。率先して隊長としての範を示すことも必要だった。そのためには孔子や論語などの漢籍も読んだのではないだろうか。

「隊長さん、遊ぼうよ」

「バカ野郎、この非常時に！」

疎開学童の子を張り飛ばしたという。責任感を重く受け止めている彼は、心を鬼にしていたということはあるだろう。何はともあれ敵を撃破することが使命だった。ここに描かれる「米鬼」に対する敵愾心《てきがいしん》、復讐心には凄まじいものがある。

彼はまず松本からの第一報を母に送った。この間葉書などでもやりとりがあった。三月十四日の消印のある葉書がある。

三月十一日出のお手紙御旨承知仕りました。早速おいで下さい。それから先日、東京の森秀様のお宅へ参りました処大歓迎をして頂きました。母上様からも宜しく　草々

母からは手紙での返信があった。「早速おいで下さい」というのは母へ松本浅間へ来るようにと伝えていたことに対する返事だろう。「松本へ行く」という返答があったことを述べている。

もう一つこの手紙からわかることがある。二月末に松本に着いて早速に航空分廠で機体の爆装改修が行われた。機は使えない。それでこの期間を利用して隊員は帰省した。遠距離の場合は家族が浅間を訪れた。

四国小松島は遠距離になるのだろうか。故郷からは母が来ることになった。隊長はこの機体改修の期間を利用して東京の親戚に行ったようだ。

隊長は、いずれ母とは出会えるものと思って、東京から帰ってきて浅間温泉で母を待っていた。ところが事態は急変する。次の手紙にはその事情が記されている。

拝啓　母上様の「ハハユケヌ　キヲツケヨ」の電報、その後芙祥子の病気を知り大いに驚きました。～中略～私はもう再び内地の土地を踏むまいと決心してゐます。唯、彼の武運を祈ってやみません。私のなき後は裕康が、裕康のなき後は芙祥子が山本の家・先祖の墓をお守りして下さい。母上様どうか日和佐の祖母さんのやうにどうか長生きをして最後迄末永く山本の家の将来を見て下さい。特に薫は名誉の戦死をするのですから決して人前で泣いたり涙を流したりするやうな醜態のないやうに折角立派な死に方をした薫の名をはづかしめないやうにして下さい。

「身を立て道を行ひ名を後世にあげ以て父母を顕すは考の終なり」山本の家名を益々顕揚します。どうか母上様も大らかなゆつたりとした気分で居て下さい。薫は決して死んでしまふものではありません。

東京の爆撃、名古屋、浜松、各地の状況を具さに見て参りましたが相当なものですね。然し各地共の民心は相当に落着きを見せております。松本にきてからも一度「どかん」と食ひましたが、さう大したものでありません。然し家は焼けるのを覚悟しなければなりませんね。家が焼けても人間や精神迄も焼けてしまってはくそにもなりませんね。どうか心を図太く持って銃後の務に遺憾のないやうにして下さい。戦況が悲惨になつても私は日本の必勝を信じて疑ひません。日本は必ず勝ちます。又勝たせてみせます。あめりか何者ぞ、要は国民一人一人が勝利を信じて最後迄戦ひ抜く事です～中略～兎に角、戦は最後の五分間です。最後の頑張りです。苦しいのはお互い様ですから苦しみを超越してしつかりやればよいと思ひます。

要は空襲が恐ろしいなんて考へるよりも先に被害を少なくする考へや敵愾心を益々旺盛にすればよいのではないかと思ひます。東京の人々は実に感心によくやつてゐます。それに比べて長野県あたりはのんびりしたものです。

それから着物、大切なもの等も防空壕の中へ入れておいた方がよいやうですね。東京では大抵そうやつてゐるやうです。本当に戦争が身近に迫つて参りましたね。大いにやりませう。

次に先日の母上のお手紙、事の意外なのに驚きました。薫は既に決死御奉公をする覚悟であり、今や如何なる事情にもせよ、薫の心を迷わすやうな物は何もありません。軍人によく言ふ女房をもらへば弱くなるとか、いろんな事を言はれてゐます。然し薫は、今迄既にあらゆる反省を苦しみを続け、今では如何なる状況下にても喜んで大君の為に総てを捧げ奉る事ができるやうになりました。正に仏様が情をひらいたやうな境地であります。戦陣の間に嫁をもうける。是か非か、現在深く深く考へてゐます。是もあり非あり、母上様よ、相当の苦難を伴ひますよ。相手の人格にもよりますが、これは正に重大問題ですよ。此処に私の決断に迷ふ所です。

まず冒頭に電文が記される。十文字にこめられた、母の思いだ。

「薫よ、元気にしていますか、私はあなたが滞在している松本浅間温泉に何が何でも行こうと思っていました。ところが芙祥子が急に病気になってしまいました。娘を一人残して浅間にはいけません。行けば今生の別れとなることゆえあなたは私が行くことを心待ちにしていたでしょう。さぞかしがっかりしていることでしょうが、どうか気をしっかりと持ってください」

息子が特攻に行くことを知った母の驚きと悲しみはどれほどだったろう。この際何があっても松本へ行こうと思っていたところに娘が病気になってしまった。母には生き別れの辛さもあったろう。その千々に乱れる思いが電文十文字にこめられている。

一方親宛の手紙で当人は「再び内地の土地を踏むまいと」心に決めているが、やはり気がかりなのは山本家の存続だ。自身なき後は弟や妹が護ってほしいと願う。

この手紙で興味深いのは空襲について触れていることだ。浅間温泉で「どかん」とやられたと。これは三月二日のことだ。温泉の南の里山辺に爆弾が四発投下されて大変な騒ぎとなった。

また、隊長は各地の空襲をつぶさに観察したという。名古屋については各務原でいったん降りて松本に来ている。そのときに被害状況は確認できたのだろうが、浜松や東京の被害についても触れている。先に紹介した三月十四日消印の葉書で東京の親戚を訪れたことを記している。当時、松本から東京へ行く場合は、中央線経由が普通だ。しかし、浜松の空襲被害も見ているとあることから、東海道線浜松経由で上京したことがわかる。このときにどうやら三月十日の東京大空襲に遭遇したようだ。「家財で大切なものは防空壕に入れる」というのも空襲での実経験から学んだことのようだ。

この手紙の核心は最後だ。彼は、「薫は既に決死御奉公をする覚悟」であると述べる。が、母が言ってきたことに対して彼は、迷ったようだ。「戦陣の間に嫁をもうける。是か非か、現在深く深く考へてゐます。是もあり非あり」とそのためらいを記している。息子が特攻で死ぬとわかっていても、母としては係累《けいるい》をなんとかして残したいと考えたのだろう。

この手紙は、「№５」で終わりだ、しかし、末文がない。「№６」もあったように思えるが、戴いた資料の中にはなかった。米軍からの捜索があるかもしれないということで大慌てで蔵にしまったときにばらばらになってしまったという。

この見合い話がどうなったのかわからない。しかしもう一通、縁談に関する手紙がある。松本から出したものか、満州から出したものかはわからない。やはり母が縁談の話を息子に伝えた。手紙には相手の写真も同封されていたようだ。これを巡っての話で、断りの手紙だ。

島やよいさんの件、薫は母上様より常に観音様の子だと言はれてゐます。本当に今迄無き父上様の御加護か観音様、弓矢八幡諸々の神々の御加護を感じてゐます。唯唯生も死も是神様の御命令だと言ふ事を深く信じてゐます。

若い青年将校の宗教観、死生観が見えていて興味深い。島やよいさんは母が伝えた縁談の相手だ。なのになぜ観音様の話をするのか、相手に「此の手紙を見せてきっぱりとお断り下さい」とある。縁は神が切り結ぶものでその縁がなかったということの説明のように思われる。それで彼は、「御送付の写真御返し致します。よい人があれば御選定を願います」と母に頼んでいる。そして追伸には、「男子、唯、思ふは

南方決戦場　唯唯願ふは戦捷のみ、生もなし、死もなし、唯任務邁進戦はんのみ」と結んでいる。この辺りの文脈からは特攻隊の隊長となって出撃するというような切迫感はない。したがってこの手紙は満州からのもの、飛行操縦の指導教官として任務に就いていたときではないかと推測される。

松本からの手紙を紹介しているが、当地からの第三通目（と思われるもの）は一枚目しか残っていない。しかし、書き方や文体が前二通とがらりと変わっている。

小生儀今般勇躍征途に就き候に付き再び生還を期さず一死奉皇致す覚悟に付今迄の御縁又なきものと御あきらめ被下度候。松本に後来駕心に待ち居り候処それもかなはぬ事にて大いに残念に存じ居り候。然れども小生も皇軍将校の端くれに御座候へば一私事に拘泥する事なく唯唯敵撃滅に邁進致す覚悟に御座候……

今回の文体の特徴は候文である。よって表現が硬い。書いてあることも形式が先に出ていて心が見えない。切迫した感じを受ける。考えられることは出撃が差し迫っていたからではないか。

想像である。彼は部下と最後の夜を迎えた。下戸である中尉も部下に勧められて飲めぬ酒を飲んで酔ったのか。一枚目の最後は次のように書き表されている。

色々の行き違ひにて残念に思い候へどもこれにて御国の為にて小生いささかも心残りこれなく悠久の大義に生きんとするを

字が乱れているので読み違えがあるかもしれない。が、私はここに青年将校の苦悩を思ったことである。

隊長の人となり

山本薫中尉、彼の人間像についてだ。松本浅間温泉に残した彼の歌は、情感豊かだった。短歌に接する前、彼の強面な様子を聞いていただけに意外であった。が、思いがけず手に入った松本からの手紙を読むとやはり彼が感情豊かな青年であったことがわかってきた。

昭和二十年五月十三日彼は台湾八塊飛行場から出撃して特攻戦死した。二十三歳だ。その四年前の昭和十六年三月十八日に市ヶ谷の陸軍予科士官学校を卒業した。十九歳である。卒業を前に控えた三月三日、彼は父母宛に手紙を書いている。彼はもともと航空を志望していた。ところがこれに対して母が強く反対したようだ。それについての反論がこれには描かれている。青年の大空への思いが記されている。

それから航空ですが、母上が嫌なら、もう一生母上と縁を切ってしまひます。航空になつて航空が嫌いでは到底軍人としての身を立てる事はできません。即ち死を選ぶより他はありません。母上も此の事をよく考へてください。孝ならんと欲すれば忠ならず、進退此に窮りて進む所知らず、近頃気が変になつたのかも知れません。然し僕としては航空は好きです。此より他進む道なし。以上は確かに言い過ぎですが。此の如き言をなす者は人の子ではありません。君に忠義を盡す前に僕は子として絶対に親に孝を盡さなければなりません。特に長男として、又他の家と異なり僕は絶対に父上、母上に対して孝行をしなければならぬ義務があり、人の二倍も三倍も孝行を盡さなければならぬと言ふことは百も二百も承知の故に僕としての立場は実に苦しく、考へれば考へる程問題は困難と母上の悲しみ、父上の不安、身にしみて感ずるものがあります。然し、日本男児と生れ此の非常時局に直面し大命を拝すればどうして感奮しないものがありませうか。然も万人の景仰やまざる航空に於ておや、僕は航空が好きです。幸いにも二千四百人の中から選ばれて航空になる事ができました。此の喜びの反面何とも言はれぬ無限の大きな力で僕を後に引くものがあり、其処に全精神を打込んで航空に邁進する力をそぐものがあるのです。即ち野営中一晩寝ずに考へた事もあり、教練の時間中にも考へた事もあり、考へれば考へる程子としての僕の取るべき処置が困難の度を加へるのであります。一寸考へれば何だ、自分の本分を邁進すればよいではないかと言ふ結論になるかもしれないが然し僕としてはさう簡単に考える事が出来ないのです。そこに難しさがあり、其処に苦しみがあります。母上よ、父上よ、よく航空を理解して下さい。そうすれば僕の此の苦しみも自然と解消し、僕の心も理解されることだと思ひます。分からなければそれ迄、さつきの結論、涙をのんでさうするより仕方がありません。

近頃の航空は目覚ましきものにて其の質に量に今昔の感、極めて深きものあり、現在の最新も既に明日の旧式となる如く、手紙にては申し上げる事は出来ないが、全くすばらしいものであります。よく理解して下さい。幾ら考へても、幾ら考へても、幾ら考へても分かりません。又結論に達する事が出来ませんからこの問題は此の位にしておきます。父上の手紙有難く拝見しました。生き長らへて天命を全うし立派に出世をして老後の父母を喜ばせたい、死後迄も立派に祭りたいと言う事は子として誰が願はない者がありませうか。然れども大君の托し給ふた大任を果たすべく敢然として進み、死を致す事日本男児として此の上もない名誉の事であります。一身一家の欲望を捨て去り国家の難に行く、これ日本人の日本人たる所以であります。人皆この理屈はよく知つてゐます。然れども之を実行し得る人間は市ヶ谷の出身を除いて天下に少いのであります。市ヶ谷台の此の精神がなければ即ち日本は第二のフランスとなる事は火を見るより明らかであります。

十九歳の若い彼の思いや苦闘がここに滲み出ている。自身は志望して航空に進んだ。ところが父母は頑強にこれに反対している。そのことが心痛の種となっていた。自身の思いを認めないと縁を切るとまで彼は言う。

しかし、彼は「僕は絶対に父上、母上に対して孝行をしなければならぬ義務」があると考えている。「他の家と異なり」というのは由緒ある家系を指しているものと思われる。父母への孝行を最優先して考えるべきか否かだいぶ悩んできた。が、彼の決意は変わらない。多くの士官志望者の中から選ばれて「陸軍予科士官学校」に入学できた。多くを学ぶうちに航空こそこれからの時代最も必要だと考えるようになった。「近頃の航空は目覚ましきもの」というのは授業を受けたり、情報を得たりして痛切に感じていたのだろう。航空には「無限の大きな力」がある。陸上よりも航空こそが時代を開いていく。青年の心をこのことがたぎらせた。これからの時代の戦略の鍵を握ると知ったのだろう。

そしてもう一つ、「日本男児と生れ此の非常時局に直面し大命を拝すればどうして感奮しないものがありませうか」この時代に生きた若者の多くが感じていたものだ。時代の空気が男をけしかけた。特に選ばれた身ならばいっそう気持ちに染むものがあった。

彼も特攻の同輩とおそらく何度も歌ったであろう歌はこれを歌っている。「男なら　男なら未練残すな浮き世のことに　花は散りぎわ　男は度胸……」と。

彼は、この手紙の末尾で市ヶ谷に赴任していた「松本大尉殿（父上が学校へ来られた時の週番士官）は先日中支南昌南方にて壮烈な戦死を遂げられました。全く人間何時死ぬかわかりません」と記し、その中隊長の詠歌を引いている。

桜花　また咲く春を九段坂

楠公の　めされし年になりにけり　すめらあじやにいのち捧げん

彼自身甚《いた》く感じるところがあって覚えていたのだろう。

この手紙を書いた時、彼は市ヶ谷台の卒業、昭和十六年三月十八日を待つばかり、「任地は仏印、南支、中支、北支、蒙古、満州、樺太、等各地にわたるとの事で内地には殆ど残らぬ事であります」と。そして、彼はこの後、六月一日に、第五十六期生として埼玉県豊岡の陸軍航空士官学校に入校している。別称、修武台という、ここで仲間となった同期生の一人（吉永貞美）が山本評を残している。

カラッとした痩せ型で、俊敏な挙動、無口なスポーツマンであった君は、敬礼に特徴があり、手を挙げるときも、下ろすときも、上体が揺れ動くほど、気合いに満ちていた。

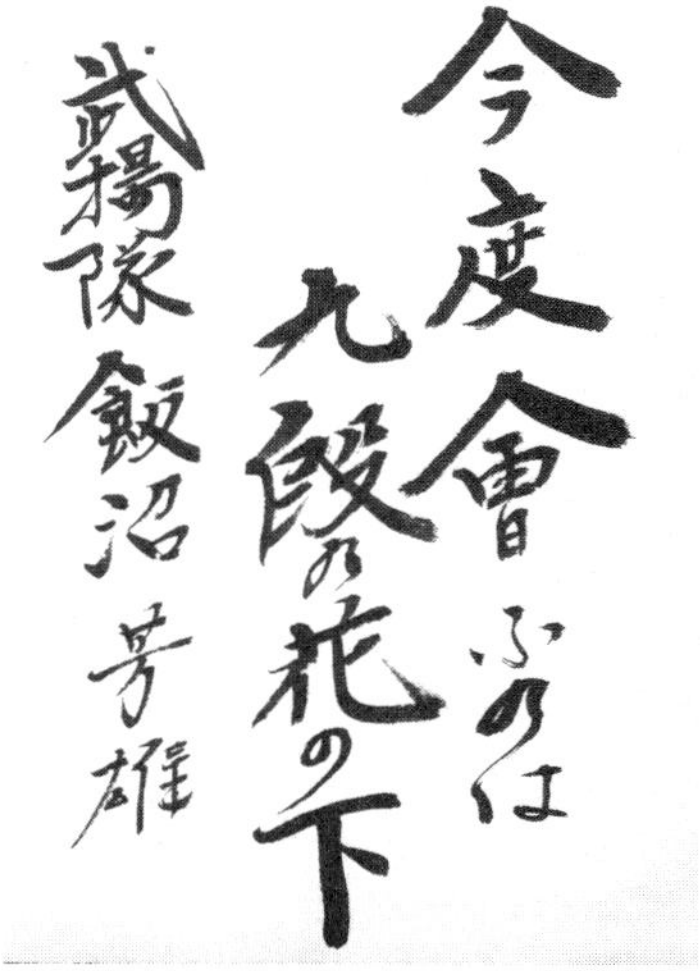

飯沼芳雄伍長の遺墨

飯沼芳雄伍長富貴の湯にて

浅間温泉に山本中尉が遺した一首の短歌に出会った。後になって、この三十一文字に彼の人間性が凝縮されていることがわかった。文武両道、教養も深く、短歌を嗜み、親を国を愛していた。五十六期生会誌「留魂録」には彼の短歌が一首残されている。

修武台我が魂は留りて
永久に護らんすめらみくにを

(2) 飯沼芳雄伍長

今度會ふのは九段の花の下
武揚隊　飯沼芳雄

この物語の陰の主人公は、この飯沼伍長である。こう気づいたのは二〇一六年になってからだ。私は武揚隊の国内での最後の地となる宮崎新田原飛行場を二〇一四年に訪れた。このとき、西を見やると霧島連山が眺められた。昭和二十年四月初旬、武揚隊は第八航空師団の命によって台湾行きを命ぜられ、ここを飛び立った。あの山並みの向こうへ機影は消えていったのだ。その先はわからない。長い調査の区切りがついたと思った。

ところが、徳島県小松島市に住む山本隊長の甥御さんから得られた情報で隊の全体像が見えてきた。武揚隊のことをこれほどに知るものは私の他にいない。知った者の責務は記録に残すことである。これが動機となってまた再び武揚隊のことを調べるようになった。

この隊、戦争の最後の最後まで奮戦をしていた。数次にわたって出撃しているが、その最後は昭和二十年七月十九日だ。これは陸軍最後の特攻であった。武揚隊は二機出撃している。一機は藤井清美少尉で、もう一機は飯沼芳雄伍長である。藤井少尉は「陸軍特別攻撃隊員名簿」に名は記されているが、飯沼伍長の名はない。理由は一つ、戦果確認がなされなかったからだ。

毎年五月三日、知覧で特攻基地戦没者慰霊祭が開催される。鉛筆部隊の田中幸子さんは欠かすことなくこれに出席をしている。これは一〇三六柱の御霊を慰霊するためのものだ。飯沼伍長は特攻兵でありながら柱には数えられていない。もちろん会館には写真も展示されていない。

昭和二十年三月、偶発的なことから陸軍松本飛行場に華々しく里帰りしたのは彼であった。今考えると彼がいたからこそ武揚隊の浅間温泉での行状がわかったと言える。彼がこの隊にいなければ同級生の高山宝子さんは慰問に行くこともなかったし、遺墨も残されなかったろう。このドラマの立役者は彼である。なのに彼のことはほとんど書き記されていない。しかも特攻で出撃したにもかかわらず、特攻戦死として認められていない。その不合理さがこの作品を書かせるきっかけとなったと言っていい。

飯沼芳雄伍長に妹さんがおられることは知っていた。いつか機会があれば話を聞いてみたい。山本家資料が出てきたことからよけいに強く思うようになった。それで、日頃お世話になっている市立松本博物館に妹さんに会えるようにと仲介を依頼した。館からはすぐに返事が来て、彼女と会う約束が取れた。

「歳を取ってもうだいぶ記憶力がなくなりました……」

松本在住の飯沼節子さんに電話を入れたとき、そう言われた。彼女は昭和七年生まれの八十四歳で、昭和二十年の三月は田川国民学校六年生だった。

「兄が富貴之湯に来たというので母親と何回か会いに行きました。しかし、いないときもありました。まだ飛行場に行っていて帰ってきていないのです。それで兄を待っていたことがありました。何かね、飛行場で急降下などの訓練をしているとかいうことでなかなか帰ってきませんでした。富貴之湯にはだいぶ長くいましたね。一ヵ月ぐらいでしょうか。その間母がおはぎとか饅頭などを作って富貴之湯に持って行きました」

彼女は、当時のことを鮮明に覚えていた。私は直に会って話を聞きたいと思い、二〇一六年十一月四日、松本を訪れ、飯沼節子さんに会った。

当の飯沼伍長が松本で書き残した言葉は、たった十二文字だが、これには深い感慨が込められている。意訳するとこうだろう。

私が浅間温泉に滞在しているときに大勢の方々が慰問に来てくださいました。懐かしい同級生も大勢来て下さいました。あの顔、この顔を見てとても嬉しく思いました。滞在中は故郷の山々をたっぷりと眺め、温泉にもゆっくり浸かり、好物のぼたもちもお腹いっぱい食べました。もう思い残すことはございません。私はこれから仲間と出撃していきます。もう二度とこの故郷に帰ってくることはございません。特攻出撃して戦死したならばきっと靖国神社に祀られ、境内の桜の花に生まれ代わります。だから今度お会いできるのは九段の桜の花が咲いたときでしょう。皆様、本当に大変お世話になりました。さようなら

彼は当地、松本市宮渕《みやぶち》出身だった。当初の予定では機は各務原で爆装改修を行うはずだった。が、これが急に変更になって陸軍松本飛行場に飛んで来た。そして宿舎は浅間温泉富貴之湯となった。思いがけない里帰りである。

最初、各務原での爆装改修には時間がかかるから、その間一時帰休が許されるだろうとのことだった。彼は、中央線経由で松本へ帰る自分の姿を想像していた。ところが、汽車などではない、愛機を駆っての故郷訪問である。舞い上がるほどに嬉しかったのではないか。

「兄が帰ってきたときのことは母から聞かされております。あのときは二月の末ですか。家の上空に戦闘機が一機飛んできて、何度も何度も旋回するんですよ。家の者が外に出て何事だろうと飛行機を見上げたそうなんです。するともう屋根すれすれに飛んでいたそうです。おかしいなと思っていると兄からの電話があったのです。『浅間温泉の富貴之湯に来ている』という知らせです。あの時代は電話を持っている家の人が用件を取り次いでくれました……それ以来母親は旅館に何遍も行きました。兄の好物を持って、私も三回ほど母について行きました……」

浅間温泉に飯沼伍長を慰問にきた同窓生

「飯沼が戦闘機で帰って来て家の上空を何度も旋回して驚かせたというんだ！」

愛機で帰還してのデモンストレーションだ。地方都市では大ニュースだったろう。たちまち同級生に伝わったようだ。彼は田川小学校の高等科を出て九州大刀洗の少年飛行学校に入った。このことを同級生はよく知っている。昭和十八年の夏には帰省してきて皆と同級会を行っている。

「田川小で同級だったのは高山宝子さんです。その関係で彼女は富貴之湯に行ったのです。私も行きましたから」

飯沼さんの同級生の石川矩長《のりなが》さんには機会があって取材をしたことがある。彼はその日付を覚えていた。

「松本二中の五年生でして、三月七日八日が徴兵検査だったのです。それが終わった翌日ですから九日です。夜でした。お酒が入っていてどんちゃん騒ぎだったですね。私たちにも酒をすすめられましたけど、未成年でしたし飲みませんでした。私の記憶では、高山宝子さんは、何度も富貴之湯に行っていたように思います」

それは間違いないことだ、同級生と行き、そして従姉妹を連れて行きもした。

高山さんは慰問の時に和綴じ帳を持参し、彼らにサインを頼んだ。隊員十五名のうちの十一名が応じて言葉を遺している。彼らが書いた言葉を見ると、その場で書いたにしてはよくまとまっている。彼女は慰問には数回行っている。彼らとはすっかり顔見知りになっていたと思われる。

「今度また来ますが、そのときには皆さんには御言葉を書いていただきます。それを一生の宝としたいと思いますので、ぜひ考えておいてください」

間違いなくそういうお願いをしていたはずだ。

彼女と彼ら兵士とは数度の接触ですっかり顔見知りとなっていた。遺墨とともに出てきたのが彼ら特攻兵の写真である。

この写真については一体どういうものなのかわからなかった。しかし、飯沼節子さんに会ってこの謎が解けてきた。

飯沼さんのところでまた同じ写真に出会った。最初に訪れた東大原の太田幸子さんの家で見たものだ。疎開学童と特攻兵とが写っている。二度目は高山宝子さんのアルバムにもあって、そして今度は飯沼さんが持ち出したアルバムにもあった。この写真は松本博物館の「戦争と平和展」のポスターにも使われたり、テレビでも映されたりして今では歴史的な記念写真となったものだ。しかし、この写真の正体はよくわかっていない。撮られた場所は富貴之湯の庭であること。写っている女児は東大原国民学校の疎開学童であることはわかっている。ところが一緒にいる六人の兵隊は誰なのかわからない。

「これは兄です」

飯沼さんの家のアルバム疎開学童と特攻隊

「えっ、これがですか！」

六人の中で唯一飛行帽をかぶり、頭に載せたそれに飛行眼鏡をつけている。もっとも目立つ者、それが飯沼伍長であるという。

「それとですね、これが西尾勇助さんです」

その彼は、右手で一人の子を抱えるようにしている。その女児こそ太田幸子さんである。

「驚きだな」

「この写真は母が写真屋さんを連れて行って富貴之湯の庭で撮ってもらったと聞いていています」

写真の隅に「弥生町坂田写真館」と名が入っている。地元にあった写真館だそうだ。

「そうだったのですか！」

謎が解けてきた。彼女の母親が写真屋を手配して、そして息子と他の兵隊たちを写真に収めた。飯沼伍長が目立っているのはそのためか。

「疎開学童ノ皆サント共ニ　富貴ノ湯ニテ」写真の裏には覚えが書かれている。

富貴の湯の武揚隊隊員、右から飯沼伍長、西尾軍曹か。他は全く分からない。

「母の字です」

節子さんは言われた。写真屋を連れて行ったのは母だと彼女は言った。それを証拠立てるものでもある。写真は他にもあった。

「宝子さんのアルバムにあったのと同じだ！」

私は息を呑んだ。ところがもっと驚いたのは飯沼節子さんは写真に写った兵隊の名を覚えていたことだ。数葉の写真は単独で写ったものもある。それらを見て、

「これは五来さん、これは柄澤さん……」と。

「よく覚えていますね」

「この柄澤さんのお父さんは富貴之湯に行った帰りに私の家に立ち寄られました。同じ長野県内なんですけどね。山を越えてこなくてならないのが大変だとこぼしておられましたね。お土産にクルミを持ってこられたのを覚えています…」

柄澤伍長の旧住所は、「長野県小県郡豊里村大字芳田」である。浅間温泉の山向こうである。

武揚隊長谷部良平伍長か？

「写真に写っている兵の名前はわからなかったのですよ。こうやって一人一人がわかってくるとこれらの写真は武揚隊を撮ったものなんですね」

写された個々の兵士の名前はわからなかった。だから他の隊とまぜこぜになって撮ったのではないかと思っていた。ところが、わかってみるとこちらが名前を知らないだけのことだった。そのことは取り出された一枚の写真によって決定的となった。

「はい、そうです。これです」

節子さんは一枚の写真を取り出す。三人の兵がこれには収まっている。

「これですか？」

「ええ、この裏に名前が書いてあります」

裏返すと確かにそれはあった。右から「飯沼伍長、柄澤伍長、海老根伍長」と書いてある。下に「富貴之湯」とある（上記掲載写真）。

「みんな、武揚隊だ！」

「母が書いたのです」

「それで今気づいたのですけど、ここに写っているのは、皆下士官だけですね」

曹長や伍長だけである。下士官同士は互いによく知り合っていた。それで飯沼さんは母親が写真屋を連れてきたときに自分の仲間の写真を撮ってもらった。それが飯沼家のアルバムにある。そして高山宝子さんのところにも同じ写真があった。

それですぐに思い出したことがある。彼女のアルバムには格別に大事にしている二枚の写真があった。飛行帽に飛行眼鏡を載せ、首には白いマフラー、唇をキュッと結んでポーズをとっている。胸にはバッチ、星二つは軍曹だ。全体にはかっこいい男前として写っている。他の写真はすぐに剥がれたが、これはしっかりとのり付けされていた。裏面には何か彼女の思いが書かれているのではないか。スチームを当てて剥がしてみようかという衝動が湧いたほどだ。

この彼の名前がわからないでいた。しかし、わかったのはアルバムの写真に写っているのは武揚隊隊員だということだ。とすれば、男前の彼もまた同じ隊員ではないか?

特攻戦死者の写真は知覧の特攻平和会館で確かめられる。田中幸子さんに頼んで五来軍曹と柄澤伍長は確かめられたが、特攻戦死者でない者の照合はできない。しかし、富貴之湯で撮った写真は武揚隊隊員である。とすれば単純な消去法で男前が誰か推測できる。

星二つは軍曹だ。武揚隊には三人しかいない。五来軍曹はわかっている。残りは吉原香軍曹か西尾勇助軍曹しかいない。後者は学童たちと写った写真の中にあった。そうすると残るは一人だ。浅間温泉を別れるときに旅館上空を宙返りをしてみせた吉原軍曹である。

高山宝子さんの写真アルバムに出会ったのは、和綴じ帳と一緒だった。しかしこのときは武揚隊の隊員の顔はわからなかった。彼らのいたこの富貴之湯には多くの特攻隊がいた。そのことから他隊もまざっているのではないかと思っていた。しかし、飯沼節子さんと会ってみてわかったのは、写真は武揚隊隊員を撮ったものだったということだ。

和綴じ帳が発見されたのは二〇一二年だ。四年経って節子さんに会うことで和綴じ帳の謎はあらかた解けてきた。宝子さんが富貴之湯へ度々行ったのは同級生の飯沼芳雄伍長を慰問するためだった。姉御肌《あねごはだ》の彼女は特攻兵となって死に行く彼を放ってはおけなかった。仲間を誘って何度も訪れた。そうしているうちに他の隊員とも顔見知りになった。いずれは飛行機もろとも南海の海に消えて行く。若い彼女が悲痛に思ったのは確かであろう。旅館に通いつめてようやく皆からもらえたサインである。彼女にとっては若き日の密かな思い出である。箪笥の奥に長く眠っていたというのもドラマだ。しかし、これが日の目をみたことで、彼ら武揚隊の浅間温泉での行状が世に知れることになった。飯沼芳雄伍長が同郷の者だったというのは大きい。その彼は特攻へ行った。ところが特攻戦死者として扱われていないし、記録もあまりない。

二〇一三年の夏、市立松本博物館で特別展が開催された。「松本から知覧へ特攻兵が飛び立つとき」というタイトルだ。このときに和綴じ帳の遺墨や宝子さんのアルバムにあった写真が展示された。七月十一日の『信濃毎日新聞』は、関連の記事を載せている。

特攻隊が九州へ飛び立つ当日、飯沼さんの母が好物のおはぎを作って旅館に駆けつけたが飛行場に向かった直後で間に合わなかったことや、飯沼さんが乗った飛行機が、母親らが見守る上空をさらしを振りながら三度旋回して飛び立った。

これも節子さんからの情報である。松本出発時に実家上空を旋回したという。これは矢ヶ崎照子さんの証言と一致する。彼女と高山宝子さんの家は松本渚である、飯沼伍長の実家の宮渕のすぐ南に当たる。照子さんも手を振って見送ったという。この飛来は慰問に行った翌日のことだった。

「それはわからないですね。ただ兄は後半だと言っていたようです……それで、兄の最後ですけどね、あの日、力石さんが行かれたのですけど、途中で体の具合が悪くなったとかで戻っていらしたというのです。それで機が余ることになって、待機していた兄に行きなさいということになって代わりに出撃したというのです。そのことを戦後に整備兵の人が二人見えて報告されました。新聞記事の切り抜きも持って来てられました。私もそれは読みました、小さい字で書いてありましたね、財布をはたいて国防献金したというようなことが……」

そこまで言って彼女は口をつぐんだ。そしてしばらくして口を開いた。

「前に沖縄に行ったことがあります。平和祈念公園ですね。でもね、『平和の礎《いしじ》』に兄の名はなかったんです。でも長野県出身者の慰霊塔には兄の名はありました……」

飯沼芳雄伍長は、昭和二十年七月十九日台湾八塊飛行場を飛び立って沖縄に向かった。敵に打撃を加えるためだ。しかし、その戦果は確認されず「陸軍特別攻撃隊員」の名簿には入っていない。特攻戦死者一〇三六柱にも数えられていない。彼女にはそれが無念であるようだった。

国立戦没者墓苑には、各県の慰霊碑が建っている。長野県は「信濃の塔」を建立している。この碑の裏側に彼の名が刻んであるのだろうか。気になって長野県社会部地域福祉課に問い合わせたところ名は刻んでないという。が、この碑には「沖縄戦戦没者一二九四柱」が合祀されているという。飯沼芳雄伍長は、ここでは柱の一つに数えられているのであろう。

（3）長谷川信少尉

征きゆきて　生命死にゆかむ
　日もあらば
清けかるべし　汝の一生は

大君の任のまにまに出で征かす
　神鷲まみの静けさ
　　師の詠みたまへる
　　　長谷川少尉

長谷川少尉は、台湾に前進中敵機に遭遇して撃墜された。このときのことは同僚の中村少尉が記録している。『明治学院百年史』はこれを「中村メモ」として引用をしている。

しかし、今回見つかった山本家資料の記述とはだいぶ違う。このことは、後に述べたい。ここでは遺墨資料についてのみ記すことにする。

長谷川信がかかわったこの作品、難解である。これにはドラマが潜んでいる。私は遺墨の言葉を書かれた順に記してはいない。実は、高山宝子さんの和綴じ帳には一番最初にこれが書かれている。

高山宝子さんは慰問に行くうちに、彼ら隊員のことがわかってきていたのではないか。

「うちの隊での言葉の達人は、何たって信さんだよ」

そういう仲間内の評判を聞いていたのではないだろうか。

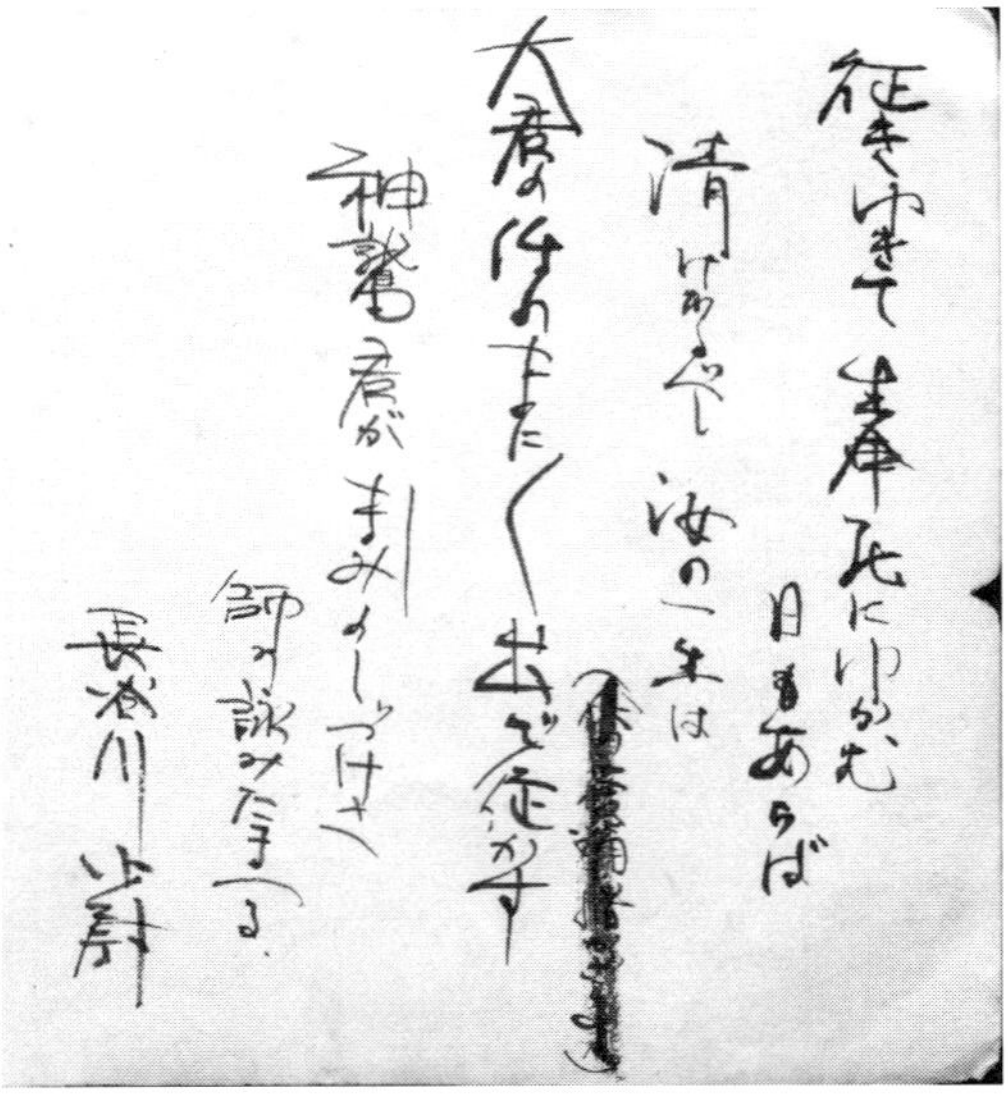
長谷川信少尉の連句

「おやおや、お嬢さん方、予告通り現れましたね。今ね、ここにいるみんなと連句をして遊んでいたんだ……そうだな。この人たちお別れに何かを書いてほしいということで来たんだけど、せっかくだから句を巻きませんか？」

「ああ、長谷川さん、面白いじゃありませんか。やりましょう」

「『さて、じゃあ、私から』と信。

征きゆきて　生命死にゆかむ　日もあらば
（もう明日には私はここを出発していきます。今度飛行機に乗って征ったならば、私の命はきっと消え果ててしまうでしょう。その日が巡ってきたならば）」

「『では、脇句を僕がつけましょう』

清けかるべし　汝の一生は

（私たちは生きていると次第に欲得にまみれ汚れていきます。しかし、若くして征かれるあなたは清浄で、少しの汚れもなく美しい、あなたの一生は）」

「『そうですか。早く死ぬ分、清浄無垢で死ねますね……』と言って信は句をつけた。

大君の任のまにまに出で征かす

（私は、今まさに大君の命令のままに出撃して征こうとしています）」

「『では、結びを私が』と会衆の女性。

神鷲まみの静けさ

師の詠みたまへる

（「神鷲になろうというあなたの目は悟りきったように澄んでいました」と私の師匠が詠んでいましたが、あなたの瞳は濁りなく澄み切っておられます）」

活字にしてしまうと手はわからないが、男手か女手かは筆跡でわかる。この長谷川信の残したものが連句だと看破したのは、長年文化調査仲間としてつきあってきた、木村孝氏である。彼は脇句は男手で、結びは女手だという。

高山宝子さんが持っていった和綴じ帳の最初に長谷川信は記している。最初に記されているということは、即座に運座を始めたように思う。三人が連句を巻く様を彼女たちは息をのむようにして見学していたのだろうか。

長谷川信の言葉には、日記を見ても冷徹さを感じる。昭和二十年一月二日、満州にいたときの一日の感想の中に「弱きもの、哀れなるもの、汝の名は人類」と記されている。悟入という言葉があるが、本当に「神鷲のまみの静けさ」が感じられたのかもしれぬ。

長谷川信は、故国を離れるとき、九州新田原から故郷の恩師、小林貞治・敏子夫妻に便りを書いた。それをもとに敏子さんは歌を詠んでいる（『明治学院百年史』）。

特攻機にて基地発つ君がよこしたる最後の文字「シアワセデシタ」

（4）五来末義軍曹

君が為　南十字星の下遠く
花と散るらん 大和ますらを
五来軍曹

五来軍曹の人となりは不明だったが、私は深い関心を持っていた。武剋隊の時枝宏軍曹が新田原を出撃していくときに彼に疎開学童への言づてを頼んだ。このことがなかったら、武揚隊の全貌は解き明かされることはなかった。

先に田中幸子さんのことは紹介したが、彼女が慰霊祭で知覧特攻平和記念館に行ったときに五来さん関係の資料を調べてくれた。すると故郷の母と妹に宛てた手紙が見つかった。次は妹に宛てたものだ。

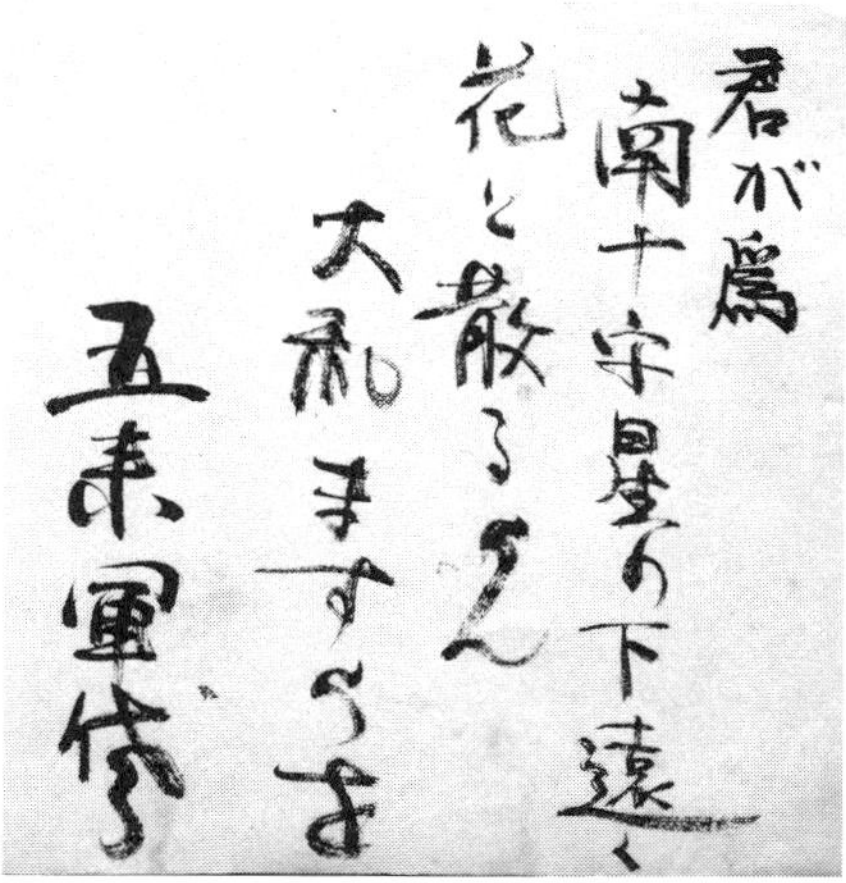

五来末義軍曹の句

五来末義軍曹

……子殿　関節炎は如何相成りましたか。右手が不自由との事……唯々驚きましたが、例の右手は利かぬ……治ると　心だけは優しく女性としての心を養へ右手位でくよくよするな……お前も俺の妹だ。荒鷲の妹だ　小さな物を相手にせず……大空を相手にせよ
兄は大君の為に喜んで死して行くが、心は　魂はお前　どこまでも行く　いつまでもお前を護つて行く。悲しい事つらい事があつたなら兄を呼べ　兄の貯金少しではあるが何か父上様の仏前に供え……
母上様の孝養をたのむ　末義

病弱な妹への思いがよく描かれている。

先に山本家資料のことについて触れたが、この中に彼に関する文章があった。『56期が、みな死んだら、どうなる』だ。これも菱沼俊雄氏が書いたものだ。一読して武揚隊の行方を知る上で重要な資料だとわかった。五来

さんのことにも触れている。

ところが、この掲載誌がわからない。それでも山本家資料に当たると菱沼氏の手紙があった。これに「山本薫君との出会いは『礎』に書いた通り」とある。これで出典が明確になった。「陸士第五十六期同期生会」が出した隊誌『礎』第二集（一九七一年）である（以後『56期が―』と略す）。この文章の五来軍曹に触れた部分だ。


五来軍曹は長身で、四国出身かと思ったが、なかなか明朗な青年であった。内地出発前、帰省して、母堂やお姉さんに会ったらしいが、「ただ、心配するだけですから、特攻隊の話は全然しませんでしたよ。」と、笑っていたのを思い出す。いつも黒めがねをかけており、出撃のときも笑いながら手を振って、まるでどこかへ遊びに行くといったふうな気楽さを見せていた。

しかも、後で台湾の新聞に出た話では、彼ともう一人の隊員かが、自分の貯金を全部献金して行ったとのことだった。


飯沼伍長の妹の節子さんから、戦後自宅に整備員が訪れ、伍長の最期の様子を語り、台湾の新聞に載った記事を持ってきた、と聞いていたのがこれと符合する。五来軍曹は内地出発前に帰省したとあるが、爆装改修を松本で行っているときのことだ。このとき母親や姉に会ったとあるが、本当は妹である。山本家資料で五来家の住所が「茨城県久慈郡久慈町泉町一二七〇番地」だとわかった。

五来軍曹には特別な思いを持っていた。遺族が健在ならば、浅間温泉で書いた彼の遺墨を届けたいと思った。久慈町は今は日立市となっている。市の戸籍課に電話をしたところ現地番は教えてくれたが、誰が住んでいるかまでは教えてくれない。

ネットで調べたところ当該番地の傍に「五来クリーニング」という店があった。望みを託して電話をしてみた。

「この近辺はみな五来だらけだから、五来は五十人はくだらない……」

冗談で即座に応じた主人は親切な人だ。「特攻の五来さん」を聞き回ってくれた。そして日立市大みか町に縁者が住んでいることを突き止め、連絡先の電話番号まで調べてくれていた。早速掛けてみた。

「私は五来末義の甥に当たります。私の父親は末義の兄ですけれど、もう健康を害していて話はできません。末義の妹さんもとっくに亡くなりました……」

「松本浅間温泉で出てきた五来軍曹の遺墨がありますのでお送りします……」

「はい、わかりました……」

事情がよくわからない縁戚と妙に事情を知っている者との会話はちぐはぐだった。過去は過去になって、どんどん消えつつあると思った。

五来軍曹が昭和二十年三月に帰省したのは事実だ。彼は松本から常磐線大甕駅《おおみかえき》へ行き帰省した。病気の妹を心配してのことだ。父を早くに亡くしたらしい。山本隊長が気の毒な家庭もあると言っていたが、五来軍曹のことだろう。

それでも五来軍曹は明朗で快活であったという。彼は、「いつも黒眼鏡をかけていた」という。実際、宝子さんの写真に一枚黒眼鏡の兵隊が写っている。

長谷部良平伍長

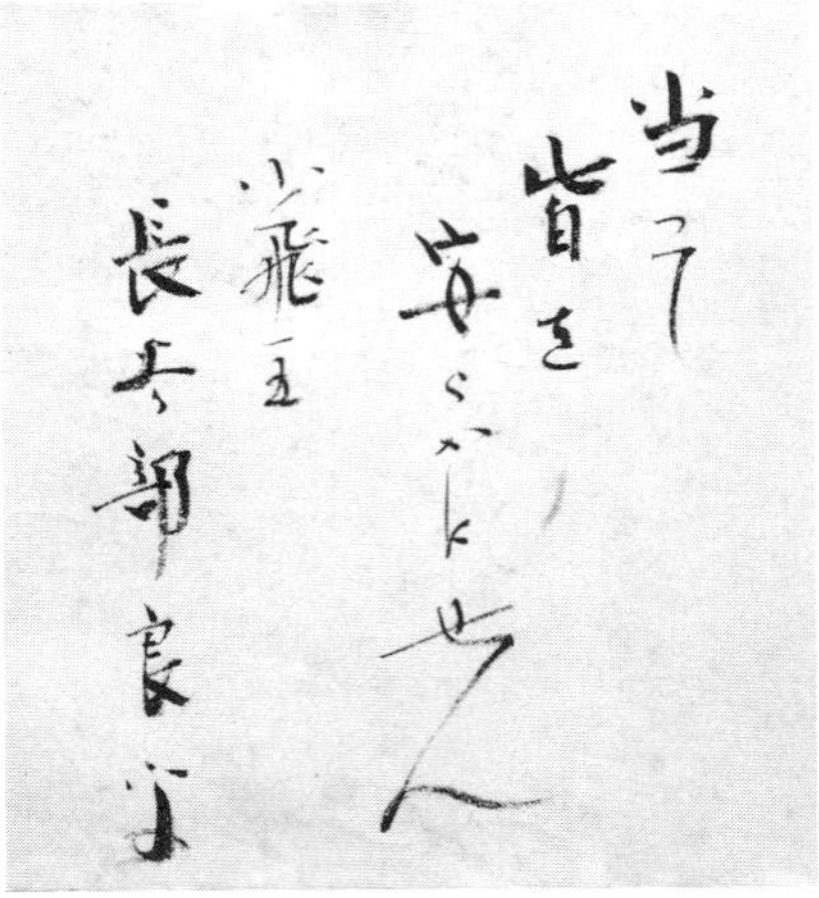

長谷部良平伍長の遺墨

この記述によって眼鏡の人物の名がわかった。見ると寂しそうな感じがする。その彼は「南十字星の見える海の向こうに花と散りたい」と願った。彼は五月十三日、隊長と一緒に出撃したが、機体不調で戻ってきた。それから四日遅れの五月十七日に出撃し、望み通り南海の慶良間列島沖の艦船群に突入、特攻戦死している。

（5）長谷部　良平伍長

当って
皆を
安らかにせん
少飛生　長谷部良平

長谷部良平は、機体の不調で本隊から外れてしまったはぐれ隊員だ。遺墨に遺された彼の筆跡は優しい。まるで女手で書かれたようだ。

「小柳の湯にも特攻隊がいたでしょう。それでほら、向かいの富貴之湯に武揚隊の長谷部良平伍長が泊まっていたんですよ。小柳の湯の寮母さんなどと親しくなり、入り浸りだったそうなんですよ。だから長谷川さんも必ず見かけていますよ、覚えていませんか？」

世田谷山崎小の疎開学童だった長谷川直樹さんへの質問だ。

「あの頃はね、兵隊さんがよく出入りしていたんで一人一人は覚えていないんですよ」

彼は別の隊の小林三次郎さんのことは覚えている。ところが長谷部良平伍長のことは記憶にないという。が、小柳の湯の経営者の娘すずえさんはよく知っていた。朝、飛行場に行くときに玄関のところまで来て、「行ってまいります」と敬礼をし、くるんと後ろ向きになって仲間のところへ走っていったという。長谷部良平十八歳は皆に好かれていた。

昭和二十年四月四日、武揚隊隊員は宮崎神宮にそろって参拝したが、ここに長谷部良平の姿はなかった。彼の乗機は九九式襲撃機、老朽機だ、故障も多かった。松本では数機で飯沼伍長の家の上空を旋回して別れを告げた。そして、各務原に着いた。兵站宿舎に泊まって翌日出発しようとしたが、エンジントラブルで愛機は動かない。

「直り次第後を追ってこい」

山本隊長の命令を受けて各務原にとどまった。ところが修理は簡単ではない。二、三日かかるとのことだ。それを聞いて彼は帰郷を思い立った。各務原から高山本線が出ている。彼の家は上麻生だ。汽車で一時間ほどの距離だ。彼は事情を話して一泊の許可を得て帰郷した。特攻隊員になって二度目の帰郷だ。松本滞在中にも一度帰っている。

彼の手紙は、『白い雲のかなたに――陸軍特別攻撃隊』（島原落穂著・童心社・一九九九年）に残されている。次の手紙は、富貴之湯から出されたものと思われる。

休暇に帰つた際の母上の動作を見て、全く一人で泣きました。その為面会もお断りしました。悪しからず。今の任務を考へた際、やむを得なかつたのです。自分もまだ若い。勿論母恋しの時代です。幾度思ひ直した事でせう。来てもらおうと思ひ筆を走らせた事も幾度。変人と恩知らずと思はれたでせうが、泣いて葉書をさいた、涙をのんで面会に来てもらはなかつた。自分の心を察し、お許し下さい。長い間種々お世話になりました。全く自分は日本一の幸福者です。満足して逝きます。

では一足先に逝かせてもらひます。

長谷部良平は、自ら「少飛生」と遺墨には書いた。彼は、昭和十七年十月十日、東京陸軍少年飛行学校に入学している。少飛十五期生である。当校で一年間の基礎教育を受けた後に隊員は成績や適性によって操縦、整備、通信に分かれた。彼は成績優秀だったらしく操縦に回された。十八年十月二日、熊谷陸軍飛行学校に入校し操縦技術を学んだ。戦中であったことから十九年七月二十日繰り上げ卒業し、山梨県玉幡《たまはた》飛行場で訓練を受けていたが、八月一日満州へ発ち、平台飛行学校で軽爆機での訓練を行っていた。

この手紙は母への別れの手紙だ。母よりも先に逝くとある。特別攻撃隊員に選ばれてのことだ。「休暇に帰った際」というのは昭和二十年三月、松本滞在中のことだろう。久し振りに帰ったら母が急に年老いていた。見かねるほどだったようだ。上麻生から松本まで面会に行けない距離ではない。武揚隊が浅間に滞在している間、肉親の多くが面会に来ている。が、長谷部良平はこれを断った。年老いた母を見るに忍びない、また汽車旅の苦労をも考えて、母との面会を断念したようだ。ところが各務原で機が故障した。この機会をおいて他にないと彼は帰省した。もう二度と見ることのないと決めた母の姿であったが、また会えた！　今回は本当のお別れだ。その夜、彼は母親への言葉をハンカチに筆で書いたという。

優しき愛の懐で
育ぐくまれたる
忠と孝
咲けと云はれた九段坂
あゝあの母を此の俺が
日本一の母にせん
　　　　長谷部良平

浅間温泉で乞われて書いたのは「当って皆を安らかにせん」だ。なんとしてでも母を安らかにさせたかったのだろう。

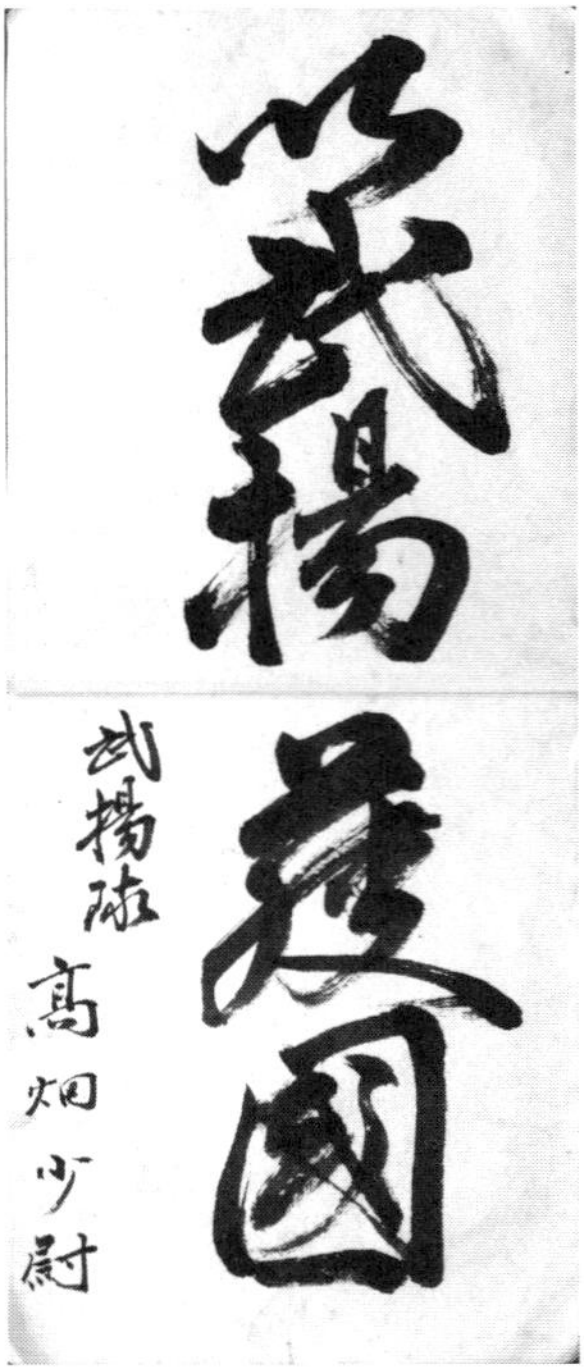

高畑保雄少尉の遺墨

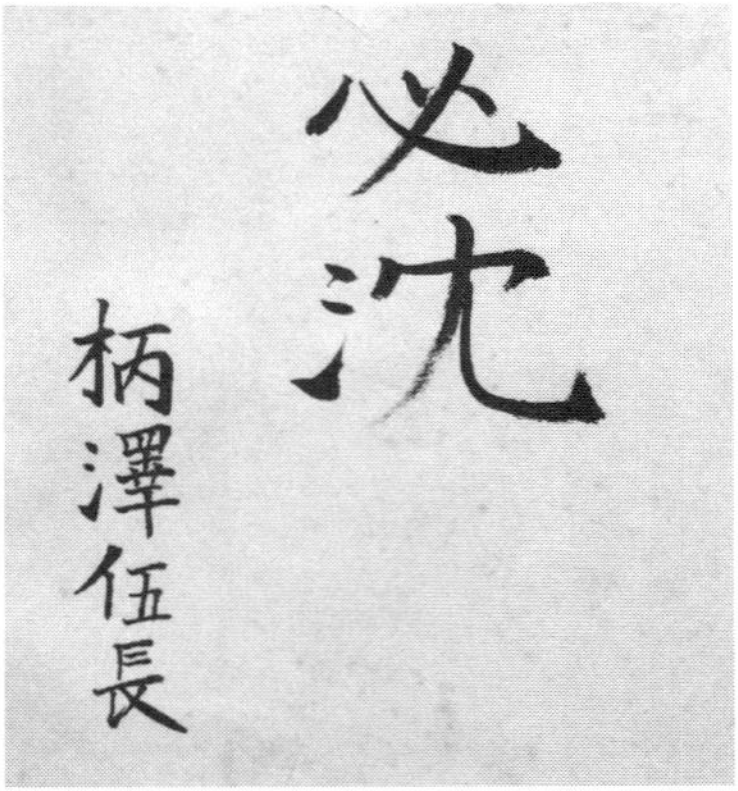

柄澤甲子夫伍長の遺墨

藤井清美少尉の遺墨

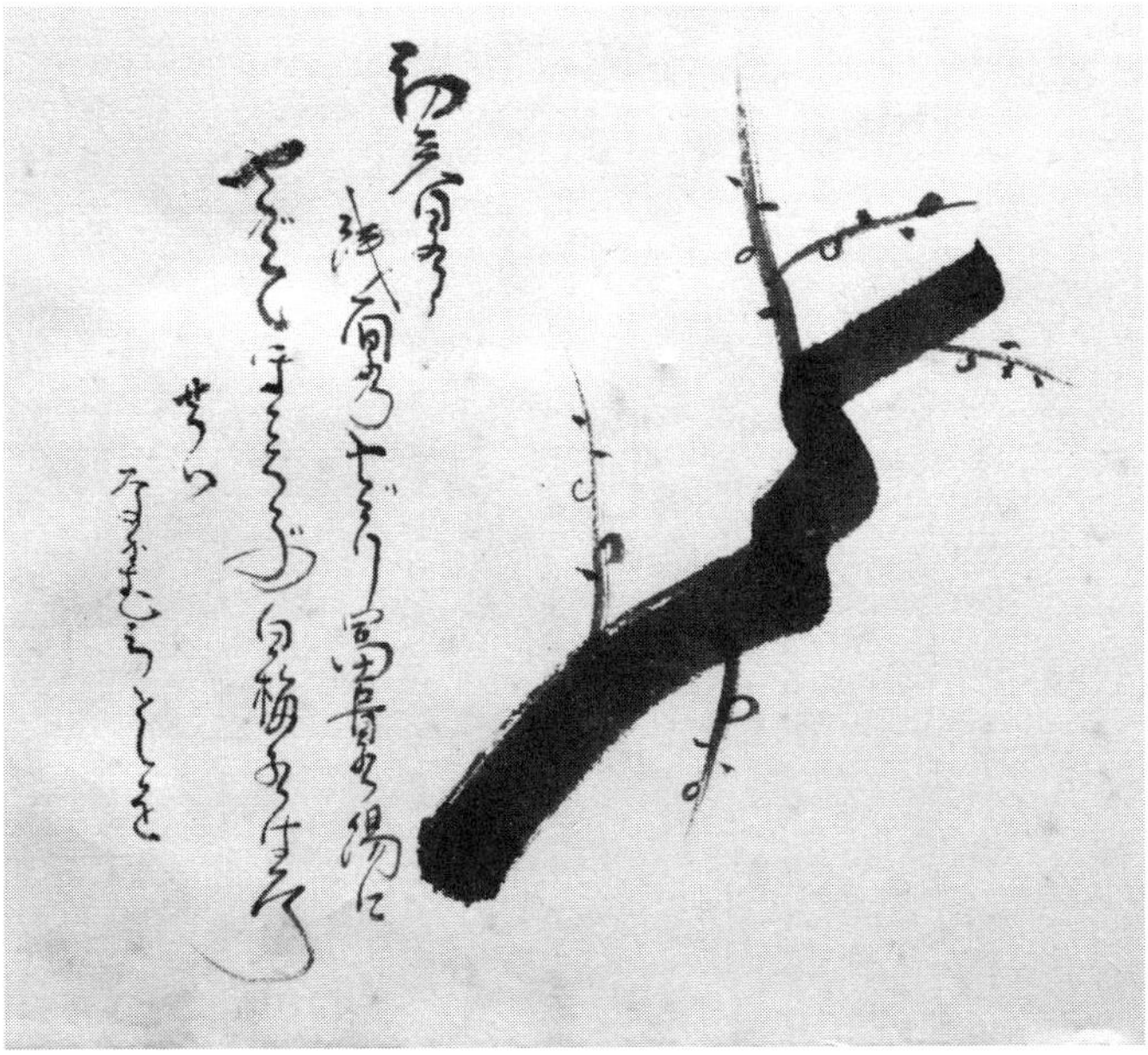

中村敏男少尉の遺墨

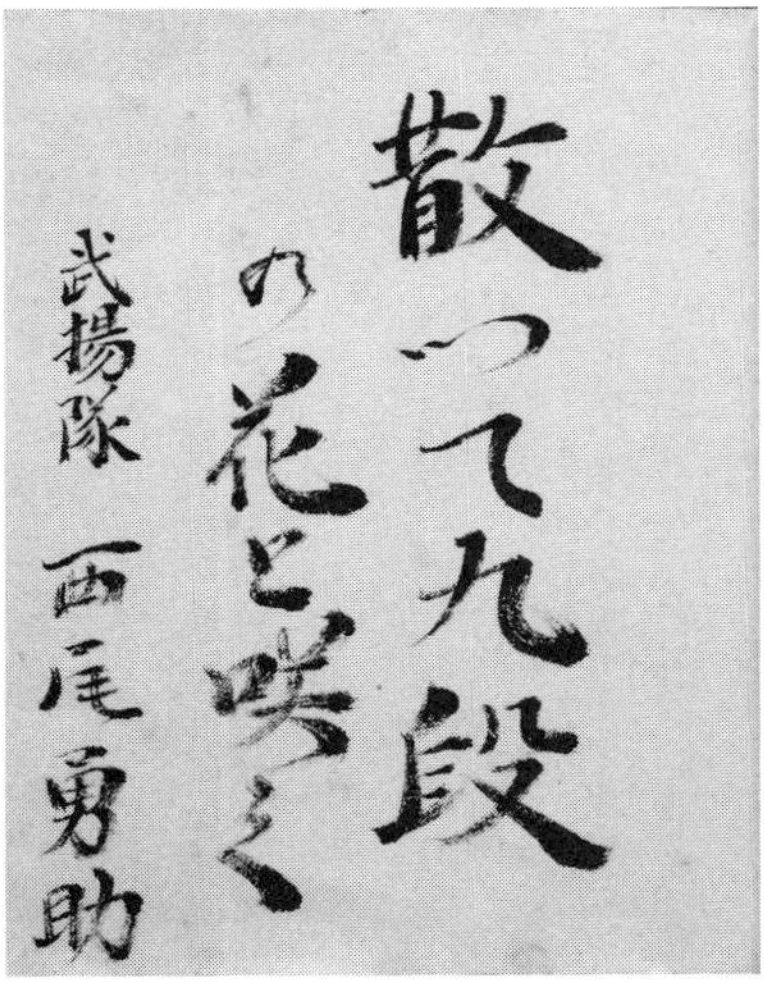

西尾勇助軍曹の遺墨

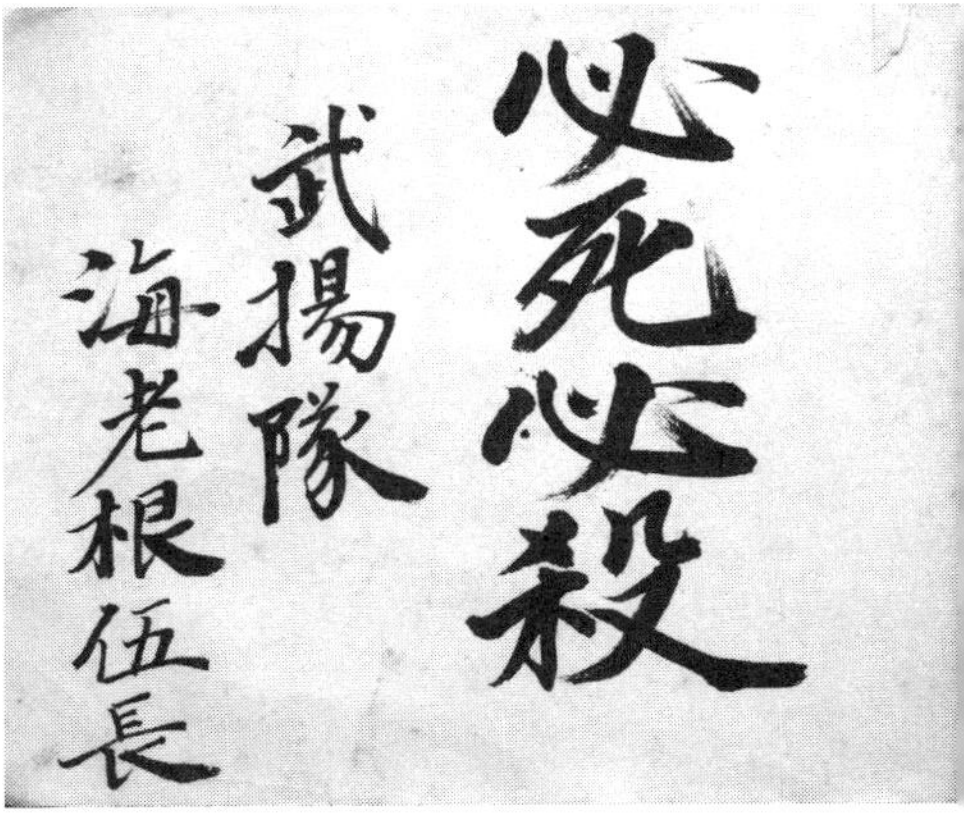

海老根重信伍長の遺墨

各隊員の遺墨

（6）他の隊員

遺墨に名のあった五人を選んで言葉を記した。残り六名はその言葉だけを記そう。

・必沈　　柄澤伍長

・大義　武揚隊　　陸軍少尉　藤井清美

・以武揚愛國　　武揚隊　高畑少尉

・初春の浅間のやどり富貴の湯に
やがてほころぶ白梅のはな
　　せうい　なかむらとしを

・必死必殺　　武揚隊　海老根伍長

・散つて九段の花と咲く　　武揚隊　西尾勇助

第6章　武揚隊松本出発の謎

（一）松本での緊急機体改造

武揚隊、武剋隊、両隊は陸軍松本飛行場に飛来してきて、思いがけず長居してしまった。なぜそうなってしまったのか。このことについては武剋隊に整備兵として付き添っていた人が次のように証言している。佐藤曹長である。

「整備と訓練もしましたが、松本滞在最大の理由は飛行機の改造ですよ。特攻機はふつう二百五十キロ爆弾を吊ってゆくように作られていましたが、戦局が悪化するにつれ、もっと破壊力を増強させようと、その二倍の五百キロ爆弾を積めるような、緊急機体改造を行うことにしたのでした」

（桐原広『特攻に散った朝鮮人』講談社・一九八八年）

この九九式襲撃機は名の通り対地攻撃機である。爆弾の積載量は、両翼に二発ずつ、五十キロ爆弾四発を装着できた。しかし、五十キロの小型爆弾では艦船や軍艦を攻撃するには破壊力不足である。威力ある特攻機にするとすれば、両翼に二百五十キロ、合わせて五百キロ爆弾を装着する必要があった。これを吊下《ちょうか》するために懸吊架を改造しなければならぬ。しかし、器具の装着だけではすまない。設計では五十キロ二発をそれぞれ両翼下部につけるようにされていた。飛行する場合の荷重もその仕様で計算されていた。バランスの調整、そしてまた改造した飛行機への慣熟飛行も必要だった。改造しては飛び立ち、巧く操縦できるかそれを繰り返しテストした。

沖縄航空戦は「天号作戦」と呼ばれる。日米決戦に備え、第八航空師団は「台湾航空基盤強化の促進」を図った。その一つが「特攻機の性能、特に航続力、爆弾搭載力の向上」だ。この一環として松本飛行場に飛来してきた誠隊は機体改造も行った。仕様の変更命令が出た。

　飛行機の後続距離増加の一例をあげれば、軍偵の胴体タンクがある。すなわち軍偵により台湾から沖縄を攻撃するには石垣か宮古を中継地点とする必要があったが、夜間行動のために不要となった機上火器等を取りはずして、後方座席のうしろに増加タンクをつけ、台湾の基地から直接沖縄を攻撃できるように改修した。（『歴史叢書』）

誠隊全般に及ぶものだが、軍偵と指摘していることから対象は九九式襲撃機のことだ。誠隊は、台湾から沖縄直接攻撃は距離が長いので、途中中継地で燃料補給をする必要があった。が、これを改善するために機銃などの火器を下ろし、燃料タンクを増やし、沖縄に直行できるようにした。この改修は台湾から九九式襲撃機をじかに前線に投入するためにあった。

「第八飛行師団が中央から配属された特攻十一個隊は当初、全部台湾に前進させる計画」だった。その一環としての爆装改修だった。かてて加えて搭載爆弾の威力の増大、二百五十キロ爆弾ではなく、五百キロ爆弾の積載をも図った。武揚隊、武剋隊は中央配属の十一個隊の二隊だった。それだけ大きな使命を背負わされていた。

しかし、老朽機、九九式襲撃機の改造には手間取った。その分長く浅間温泉に滞在することになった。ともにいる時間が長ければ当然のことながら情は移る。疎開学童たちとの関係は深まる一方だった。一夜限りならばそうはならなかっただろう。

結局、爆装改修の仕様変更で、彼らは松本浅間に長く滞在することとなった。その長期滞在がドラマを生んだ。彫りの深い土地の景色に、温い温泉に、そして、当地に滞在していた可愛い子たちへは一層の愛着を感じた。武揚隊が最後に浅間を発つときに歌ったうたは、まさにその思いを表している。

問題は、武揚隊はいつ浅間を発ったかだ。武剋隊は前半、後半と分けて飛び立った。これもあらかたわかっている。前半隊は三月十八日、後半隊が三月二十八日だ。松本を飛び立って次に寄航したのは各務原だ。

「兄は、後半で行くというようなことを言っていました」

これは飯沼節子さんの話だ。では、飯沼伍長が自宅上空を旋回して各務原に行ったのはいつなのか。富貴之湯の上空で宙返りの技を見せて、疎開学童らの拍手喝采を浴びた吉原香軍曹、この記録が三月二十八日である。この後に飛び立ったのではないか。

武剋隊は十五機全機突入という大きな戦果を上げている。沖縄中飛行場や新田原飛行場からの直行突撃だ。が、これに対し武揚隊は大陸を経由して台湾へ向かった。この途中で多くの機を失ってしまった。思うような活躍ができず、活動は地味なものとなった、それゆえに武剋隊のような確かな記録はない。

(二) 山本隊長の謎の手紙

武揚隊隊長の山本薫中尉の動向で興味深い記事がある。彼と航空士官学校で同期だった菱沼俊雄氏のものだ。先に紹介した『56期が――』の冒頭にこう書かれている。

その山本とばったり出会ったのは、昭和二十年三月二十八日、岐阜長住町駅前でのことであった。当時、敵が沖縄侵攻直前の三月中旬、機材・整備・部品受領など、戦力恢復の目的で岐阜に来ていた私は、奇遇を喜んで、しばしの間、立ち話をした。

レイテ作戦以来の特攻出撃を含めて、熾烈なる航空作戦の連続に、多くの同期生が散華して逝ったが、三十余名もいたキ51(九九式襲撃機・軍偵)の同期生も、今や彼を含めて三名しか残っていないと聞き、あらためて、戦局の厳しさを思った。

山本も、また誠第三一飛行隊(武揚隊)長として、宮崎県の新田原に前進する途中だったのである。

まずここでの指摘で驚くのは同期生の動向だ。陸士を卒業した五十六期生は四つの飛行分科に振り分けられた。山本薫中尉、廣森達郎中尉を含む三十余名が軽爆操縦要員として鉾田陸軍飛行学校原ノ町分教所に入所している。

「原町戦没者航空兵の記録」（白帝社、一九九八年）は原町分教場の陸士五十六期生の消息をこう伝えている。

入校者三四名中、戦死者は三〇名で、生存わずか四名にすぎない。生存率一〇パーセントという非情な数値は、消耗率のはなはだしい航空兵科の宿命ともいい得るものの、中でも最も激烈な戦火の中に身を投じた人々であった。

次に大事なのは菱沼氏の日付の記録だ。これによると山本薫隊長は三月二十八日には岐阜に着いていたことになる。この日、吉原香軍曹などの隊員はまだ松本に残っていた。が、隊長は先に当地に着いていたようだ。しかし、不思議なことがある。山本家から預かった資料の中に一枚の手紙がある。何枚かのうちNo.１とされた便箋である、残念なことにNo.２以降は見あたらない。そのNo.１だ。

拝啓　愈々出撃の機、迫りました。戦の事故に運を天に委せてありますが、兎に角、再び生還は期さぬ覚悟。母上もどうか御元気で御健康をお祈り致します。昨二十七日、十一時頃小松島上空を単機にて飛び町の上空を三回旋回の後、家に向かつて急降下を実施、懐かしきあの山、あの河、涙が出ました。家の蔵、家、畠等西野の家、蔭ながら父上様のお墓も拝みました。父上様の次にあの墓に入るのは私ですね。暮々も母上お体を大切に。私の死んだ事を聞いたらどうか喜んで下さい。私は体は死んでも決して魂は死にません。

山本薫隊長は、故郷の小松島上空を単機で飛行した。特攻に行けば二度と故郷を目にすることはない。心残りは父、重彦の墓参だ。昭和十八年十二月四日、勤務先の女学校で心臓発作で急死した。五十四歳だった。満州在住時のことで葬儀には出られなかった。せめて最後の墓参でもという思いは強かった。九州から各務原へ向かうときに四国小松島上空を通る機会はあった。が、「愈々出撃の機、迫りました」とあることから、新田原へ向かう途中のことに違いない。つまりは三月二十七日である。

「しかしなあ……」私は考えあぐねた。

各務原から新田原まで隊長機のみの飛行は考えにくい。このコース、本土から特攻前線飛行場へ行く場合の特攻の花道だったように思う。機から眺めた瀬戸内海が箱庭のようだったとの証言は多くある。隊長のみがこのコースを単機で行ったとは考えにくい。

「もしかしたら資料を読み違えているのではないか?」

そう思った私は、資料を管理されている山本富繁さんに問い合わせをした。すると意外な返答が帰ってきた。

三月二十七日、薫の単機帰郷のことですが、再度手紙を確認いたしました。文面も含めて調べると便箋用紙から松本で書いたと思われる手紙が三通確認できました。

薫は、松本滞在中に、母親に松本に来るように手紙を出しています。それに対して三月十一日に母親から松本に会いに行くとの返事を貰っています。また、三月十四日に葉書で、母親に待っているので早く来るようにとの連絡をしています。ですが、その後受け取ったのは「ハハユケヌ　キヲツケヨ」という電報でした。

このときは、父親も亡くなり、母親と妹の二人暮らしで妹が病気にかかり、一人残して松本に行くことができなかったのです。後日松本からの薫の手紙に、母親に会えなかったことを非常に残念だと書いてあります。

これらのことから、薫が単機で飛んだのは三月二十七日、午前十一時頃だと思います。実家の北の方向に日の峰山（標高百五十メートル）という山があります。実家から一キロくらい離れています。その山から実家に向かって低空で近づき三回ほど旋回したそうです。このとき、近所の人たちが飛行機から薫の顔を確認できたそうです。

単機帰郷を書いたものは松本から出した三通の一通です。三通の便箋は同じものです。新田原からの手紙はわら半紙に書いてあります。ですからこれらは松本で書いたものだと思います。

私の思い込みはこれで粉砕された。手紙は新田原で書いたものではないかと思っていたが、松本滞在中に書かれたものだ。これによって多くの謎が解けてくる。

松本滞在は思いがけず長きに及んだ。この間に母を呼んで今生の別れをしようと思っていた。ところが妹の病気で母は来られなくなった。隊長はこれがきっかけで「空から母と父に別れを告げよう」と思いついたのではないだろうか。しかし、隊長だからといって自由は利かない。おそらくは機会を狙っていたものと思われる。わかりやすく言えば出張である。各務原飛行場は陸軍の中枢拠点である、ここへ隊長として連絡、打ち合わせなどで飛ぶ機会はあったと思われる。それが巡ってきた。

「各務原への出張・連絡だ」

部下に言って朝方松本を飛び立った。その日は二十六日で各務原の兵站宿舎に一泊した。そして翌朝、彼は機首を北東の松本方向ではなく、南西に向けた。故郷の四国小松島方向である。

山本薫隊長の故郷訪問飛行についてはこういう考えもある。甥御さんの山本富繁さんは、航空路の下見だったのではないかと。新田原への飛行では四国松山に立ち寄っている。松山西飛行場である。できたばかりで不案内だったのでここまで下見調査に来た。その機会に小松島訪問を敢行したのではないかと、あり得ることである。

(三) 単機で四国小松島上空へ

昭和二十年三月二十七日、山本薫隊長はこの日、単機で故郷を訪れた。午前十一時頃ではないかと思われる。この日未明、廣森達郎中尉率いる武剋隊前半隊が「十機十艦よく屠る」という大戦果を挙げている。二十八日には浅間温泉の疎開学童もこのニュースを知っている。おそらくは早い段階で各務原にもこれはもたらされていたろう。山本中尉はこれを聞きさししていて、来るべき時が来たと思ったろう。いよいよ最後が来たと……。

まずは瀬戸内海淡路島方向をめざす。やがて眼下に琵琶の形をした島影が視界に入ってくる。高度を下げる。すると鳴門海峡に斧を打ち込んだような岬、潮崎《しおざき》が見えてくる。その先端の向こうに故郷小松島がある。海面を飛んで行くと紀伊水道に湾口を開いている小松島湾が目に入ってくる。懐かしくて切ない風景だ。

山本薫は湾の北の根井鼻から左旋回をして陸地に入った。子どもの頃から慣れ親しんだ日の峰山を回り込んで南下するともう松島町だ。急降下する。すると家の蔵の白壁、そして母が住まう家が見えた。見慣れた風景がぐんぐんと飛び去っていく。覚えのあるあの山、そして川、神田瀬川だ、収穫の手伝いをした家の畑もあった。今度はまた回り込んできて地蔵寺を空からお参りした、山門、鐘楼、多宝塔が見えた。手を合わせる間もない、再度薫は旋回し、もっと高度を下げて寺の上を飛んだ。その時に片手で拝んだ。

父重彦は昭和十八年の暮れに急死した。彼は満州にいて葬儀に参列できなかった。翌年正月ようやく帰宅すると父は遺影となって仏壇に飾られていた。彼は飲めない酒を飲んで、号泣した。そのことを思い出していた。

「父上、次に私がそこに入ります」

そうつぶやきながら薫は涙を流していた。

「田舎ですから戦闘機が来るなんてことないのです。ところがこれが来たのでびっくりです。当時の市役所職員の話では、『小松島市の北北東に位置する日の峰山から一機の戦闘機が舞い降りてきて山本家上空を飛行。そのとき多くの人が叔父薫だとわかるほどの低空を飛行、近所の方々も手を振って迎えた。山本家から西の方角に飛行し、後に北に進路を取り、日の峰の方向に消えていった』。本人からの手紙には家の上空を三度旋回し、その後急降下を試みました。父重彦の墓参りをすませ、懐かしい我が家、畑、隣家をどんな思いで見ていたか。まして、そこに母親の姿でもあれば一時でも気持ちが安らいだかもしれません。しかし、当時県庁に務めに出ていた母親はその状況を見ることもなく、昭和二十年五月二十五日に戦死の手紙が届きます。家の上空を旋回して約二ヵ月後のことです。配偶者が亡くなって一年半後に最愛の息子が戦死。こんな祖母の心中を察することは到底できません。後に、祖母は私を抱きかかえては何度も何度もその話を繰り返し聞かせてくれました」

この話は、山本富繁さんから後になって聞いたことだ。

機の飛来に気づいた家の近所の人が大勢出てきて手を振った。彼は、飛行眼鏡を外してその人たちに手を振って応えたのではないか。

帰途、瀬戸内の海は日の光を受けて黄金色に輝いていた。

名残惜しい故郷訪問だ、機首を返して松本方向に向ける。機内に満ちていた潮のにおいがたちまちに消えてしまった。

「あれは、昭和十七年の夏だったか、暑中休暇で帰ったことがあったな」

彼はそのときのことを思い出していた。

山本薫は予科士官学校を出た後、昭和十六年六月一日に埼玉県豊岡の陸軍士官学校に入校した。翌十七年七月に分科が決定した。このときの暑中休暇で故郷に帰った。修武台に戻った彼は早速に手紙を母宛に送った。

拝啓　先便にて報告の如く無事帰校致しましたから御安心下さい。久し振りにて家に帰り皆の元気な姿を見て大変嬉しく感じました。国際関係は愈々迫る時、休暇に帰り大いに決心する所がありました。学校でも愈々緊張の色が濃厚であります。新しい五十七期生徒が来て準備をちやんと整へてくれました。彼等も我々の去年の今頃の如く大いに張り切つて忙しい生活をしてゐます。

こう挨拶を述べた上で、八月からのことだろう。

愈々此月の二十三日より操縦教育が開始されます。我らの上手下手は直ちに陸軍航空戦力となるものであります。大いに奮励努力する心算であります。今や種々のデマが乱れ飛んでいます。兎に角現在の日本は我々の活躍如何によつて其の運命が決まってくるように思ひます。

と述べる。そして、訓練が始まったことを伝える手紙ではこのように書いている。

愈々操縦教育が開始せられました。今迄は飛行機に乗るのが恐ろしかったのでありますが、操縦教育が始まると飛行機に乗るのが恐ろしいどころかむしろ楽しみとなる位になりました。飛行機に乗ると実に気持ちのよいもので雲の上などに出ると実に涼しくて気持ちのよいものであります。毎日飛行機に乗るのが楽しい位になりました。

　現在暑中稽古で午後四時十分から五時十分迄約一時間剣術、其の外に正課に剣術、体操等でぢゃんぢゃん鍛へられます。休暇でつけた英気も毎日毎日消耗一途をたどりつつあります。此の暑中稽古が早く終わらないとやりきれません。此の夏も去年の夏同様一大試練の夏であり、気分を少し緩めるとすぐに落伍すると云ふ事を悟りました。大いに緊張、一路本分邁進であります。それからあの軍刀ですが、多忙多忙で未だ学校の軍刀整備員室の人には見せて居りません。生徒舎から三十米もあればすぐ行けるのですが、忙しいのと何やで未だ見せて居りません。


隊長の愛機は故郷を離れて行こうとしている。その軍刀は浅間温泉に置いてきた。二本あるうちの自分が気に入っていた肥前忠吉は家に送り返した。

「あの家のどこかに俺の分身はあるはずだ」

松本への帰りの機中で思ったことだ。

今七十一年前のことを書いている。月日が経って歴史はめくられ、そして巻かれていく。先に菱沼俊雄氏が書いた論考『56期が―』には、山本薫隊長の戒名が手書きで記されている。「至忠院旭光粹薫大居士」と。隊長は機上から「父上様の次にあの墓に入るのは私ですね」と思った。その通りになっている。が、大きな問題が残っている。菱沼俊雄氏は「岐阜長住駅前」で三月二十八日に山本隊長に会ったという。ところが隊長は、二十七日は故郷への訪問飛行をし、翌日二十八日は松本浅間温泉に戻っていたようだ。二十八日の出会いは菱沼氏の勘違いかとも思われる。彼は飛行一〇八戦隊の双発高練の機長をしていて、「二十九日と三十日は那珂町（岐阜と各務原の間にある）の航空兵站に泊まった」（『特攻隊の裏方』）と記している。翌三十一日に新田原へ飛んでいる。すると菱沼氏が山本隊長に会ったのは二十九日か三十日ではないだろうか？

（四）新田原飛行場へ向けて

昭和二十年三月武揚隊は松本を発って、新田原に向かう。その日取りはよくわからない。しかし、三月二十七日の隊長の動向がわかったことで見えてきたものがある。山本富繁さんは、「薫が松本を発ったのは、三月末か四月の一、二日頃ではないでしょうか？」との推理だが、大筋では合っているように思う。

二十八日は、少なくとも隊長と吉原香軍曹の富貴之湯滞在がわかっている。軍曹の富貴之湯上空での宙返りも疎開学童に対するお別れのデモンストレーションだったようだ。これらを踏まえて隊の動向を推理する。翌二十九日、大広間で壮行会を開き、皆で武揚隊歌と浅間温泉望郷の歌をうたった。そして夜は別れの宴だ。ここに高山宝子さんが来て、皆からサインをもらった。そして、三十日には松本を飛び立った。そして、各務原の航空兵站に泊まる。この機会に隊長と菱沼俊雄さんとが会ったとすると、時間の流れとしては自然だ。

おそらくは四月一日か二日には各務原を発ったのではないだろうか。そして新田原飛行場の兵站宿舎に着いた。

陸軍新田原飛行場は宮崎県中央部にある。南手には太平洋に注ぐ川が流れている、一ツ瀬川だ。この流れがやや内陸に入った左岸の台地、ここに陸軍新田原飛行場はある。近隣の町に出るには遠い。それで航空兵員を宿泊させるための施設があった。それが八紘荘である。

菱沼俊雄氏は、飛行第一〇八戦隊の輸送機の操縦をしていて、本州、九州、台湾の空を縦横に飛び回っていた。それで彼もよく利用していた。

「新田原、各務原、立川などには、特攻隊員を主とする空中勤務者専用の航空兵站宿舎があった。いずれも食糧事情の悪い頃だけに、国民大衆にたいしていささか申しわけない感がしたが、宿舎では、できうるかぎりのご馳走をつくって最大限のもてなしをしてくれた」(『特攻隊の裏方』)という。それを「特別給与」と称していたようだ。

それがどんな料理だったのか女子挺身隊員として八紘荘に軍属として勤めていた人が書き残している。そのタイトルは「特攻基地の真只中」。ちょうど誠隊が新田原に集結していたときのことを書いている。昭和二十年四月初旬のことだろう。ここから第八航空師団参謀の指令を受けて誠隊の多くが出撃している。

この頃のことで印象深く残っているのに、特攻隊員の出撃があります。年齢は十八歳ぐらいでしょうか。私達と同年か下かもしれません。白絹のマフラーを長く首につけて覚悟と自信を持っているように見受けられました。

特攻出撃の前夜は大御馳走がありました。ビフテキ、エビフライ、さしみなど本当に目を見張るばかりのもので、「日本のどこにこんなものがあるの」と皆で話しました。盛りつけの皿も洋皿の美しいものでした。それが殆ど手つかずで残っているのです。これまたびっくり、何故食べないのかしらと、勿体なく思いました。

（『いのち輝く〜高鍋高等女学校生・戦争体験の記録〜』鉱脈社・一九八八年）

陸軍松本飛行場から各務原を経由して、武揚隊隊員は当地に着き、この八紘荘に宿泊した。女子挺身隊員としてここで働いていた高鍋高女のSさんは武剋隊や武揚隊の隊員とも接しているはずだ。出撃時には見送りもした。「最後の挙手をして機内に乗り込み、お別れの手を振って、やがて飛行機は小さくなって見えなくなって」しまったと。見送る高女生にも見送られる特攻隊員にも八紘荘は思い出深い、仮初めの宿だった。

私は、二〇一四年三月に航空自衛隊新田原基地を訪れた。かつての陸軍新田原飛行場である。正門の位置は、昔も今も変わらない。八紘荘はここの近くにあった。そこへ歩いて行くと、青い空の下にはかまぼこ形の茶の樹がどこまでも広がっているだけだった。まさに「茶畑や兵どもの夢の跡」だった。

この兵站宿舎の近くには上新田郵便局があった。武揚隊はここを飛び立てば、次に着くのは外地である。「内地ではここが最後の郵便局となるな」

隊員の多くは宿舎で手紙、あるいは遺書を書き、そして小荷物はここから送った。私は、新田原飛行場跡、そして上新田郵便局跡、また近くの八紘荘跡を訪ねた。それらは物語の果てである。痕跡を確認することで自分にけじめをつけたつもりでいた。武揚隊を追っての旅で、八紘荘を訪れピリオドを打ったつもりであった。しかし、旅は終わらない。思いがけない展開が待っていた。

第7章　菱沼俊雄手記

（一）一〇八戦隊中隊長菱沼俊雄中尉

先に「特攻隊の裏方」という一文を紹介した。このときに、作者の菱沼俊雄氏は武揚隊と深いかかわりを持った人だと書いた。当初はこの関係については知らなかった。が、小松島の山本中尉の甥の富繁さんや奥さんの喜美代さんと連絡を取るうちに次第にわかってきた。

菱沼氏が書いた「特攻隊の裏方」はだいぶ前に手に入れて内容は知っていた。しかし、改めて読み直したところ、この「裏方」というのは、武揚隊のことをずばり指していたのだ。この文章の結末だ。

その夜八紘荘では武揚隊がささやかな宴をはって壮行会がおこなわれていた。一方、私はこの特攻隊を台湾の基地まで誘導せよ、という命令を受領した。

まずこれがいつのことかだ。昭和二十年四月三日夜だ。場所は、新田原の航空兵站宿舎「八紘荘」である。この薄暮に兄弟隊の武剋隊の後半隊が当地から出撃している。時枝宏軍曹らを乗せた六機を見送った後のことだ。菱沼氏はこのときに第八飛行師団命令を受け取ったという。しかし、これは、『戦史叢書』によると「二十五日二三〇〇」時に出されている。

先にも引用したことだが、確認のため再度掲げる。

「第八飛行師団命令」の三の（一）に武揚隊を初めとする特攻四隊に「適当ナル誘導機ヲ附シテ上海経由臺北ニ前進セシム」とあった。戦闘機だけの回航では不安がある。それで誘導機による案内を下命した。誠第三十一飛行隊、武揚隊については、山本中尉と陸士同期の菱沼俊雄中尉が誘導を命じられている。その彼が、台湾まで付き添った。

菱沼氏はこのとき、飛行一〇八戦隊中隊長・中尉であった。昭和二十年当時、この戦隊は沖縄・新田原・上海・宮古島などへの人員・物資の緊急輸送に従事していて、氏は輸送機で縦横に飛び回っていた。が、戦況が悪化する中、山本中尉と同じように自身もいずれは特攻に行かなくてはならないと思っていたようだ。

『特攻基地知覧』（高木俊朗著・角川文庫・一九七九年）には菱沼敏雄氏の特攻観が記録されている。

あの時は、個人の苦悩や懐疑は超越しました。この国家存亡の時、一身を捨てて祖国を守る、犠牲の精神に徹して、いつの日か祖国に栄光あれと念じた至誠だけは、はっきりと、みとめていただきたいのです。特攻隊は神様ではありません。死を恐れなかったわけでもありません。ただ彼らを、また私たちを、はぐくみ成長させてくれた両親、同胞、社会、そして山河、それらを包含する祖国。天皇によって代表された大日本帝国。これらの祖国を、われわれは死をもって守り通さねばならないと考えただけなのです。それが特攻隊の根本精神であったと思います。アメリカ人にはバカ爆撃とまで呼ばれましたが、われわれは降伏ということを考えてみたこともなかったのです。私たちの道は、真に、勝利か死か、であったのです。

至誠に殉じたのは同期の山本薫だった。菱沼氏もいつかは特攻へ征くと思っていた。が、その機会は訪れず、生き残った。忸怩《じくじ》たるものがあったのだろう。同期の山本薫へは特別に想いが強かった。戦後生き残った彼は、昭和二十五年に徳島県小松島市の隊長の実家を訪れ、地蔵寺に眠る彼の墓前にぬかづき、深く深く頭を垂れた。そして鎮魂のための手記、「山本薫君の墓前に捧ぐ」を献じた。隊長の最期を見届けただけに、ぜひとも遺族にその様子を知らせたかったようだ。

（二）山本家の上京

二〇一六年十一月十二日、山本家の人々が上京して来られた。ご夫妻は徳島の小松島から、高知の国立病院に医師として勤めている次女の加奈子さんは、高知からの上京だ。東京で働いているという長男の浩司さんも加わった。その山本家の家族四人と待ち合わせたのは、下北沢駅の一つ手前の井の頭線池ノ上駅である。

せっかくの機会なので、私が常日頃、フィールドワークをしている街の案内をすることにした。

私は、仲間とともに「北沢川文化遺産保存の会」を立ち上げ、下北沢一帯に眠る文化を掘り起こしている。十年以上これを続けてきて、当地一帯に驚くほど多くの文化人が住んでいたことを知った。中でも文学者の存在は際立っていた。会ではその彼らの事績を顕彰する文学碑を遊歩道に四基建てていた。今回はその見学を思い立った。まずは邸宅街を行く。

「静かですね」

敷地は広く木々の緑も多く残っている、池ノ上の高級住宅街だ。

「戦時中元帥は三人おりました。そのうちの一人が杉山元元帥です。戦後、戦争の指導者としての責任を取って市ヶ谷台で拳銃自殺するのですね。この報を聞いた奥さんは、『息を引き取ったのは間違いありませんか?』と部下に確認した後、正装するんですよ。そして仏前で青酸カリを飲み、短刀で胸を突き刺し自決したんです。それがこの家です。もう覚えている人もいなくなりました……」

元帥の「御諚言上書」には、「皇軍の要職を辱ふし、忠勇なる将兵の奮闘、熱誠なる国民の尽忠に拘らず、小官の不敏不徳能く其の責を全うし得ず、遂に聖戦の目的を達し得ずして戦争終結の止むなきに至り、数百万の将兵を損し、巨億の国幣を費し、家を焼き、家財を失ふ……」とある。

静かな池ノ上の邸宅街である。そぞろ歩きしながら行くとまたある。

「ここが東条英機邸のあったところですね。東条内閣が組閣されたときここを出て官邸入りをしたのです。近くの代沢小に子どもを行かせていまして、夫人が教室につかつかと入ってきて、『明日から官邸に移ります』と学級の子どもたちに挨拶をしたそうなんです」

七十年以上も前のことである、この家が重爆撃機Ｂ29によって狙い撃ちされたと噂されていた。

東条英機邸からすぐのところに横光利一邸跡がある。やはり静かだ。

「この路地の奥です。前は玄関に石畳があったのですね。そこを歩いて行くと足音で訪問者の用件が作家にはわかったと小説に書いてあるのです。有名な話です……」

そんな話をしながら丘から降りて、沢筋の遊歩道を行く。ここに「横光利一文学顕彰碑」がある。

「これを建てたときに敷石の一枚を飾ったのですけど、一枚だと足音がしないんです。それで横光家にお願いしてもう一枚頂いて来たのです……」

小説『微笑』に描かれた足音の逸話は誰もが知っていた。それで作家を訪れる人は敷石を踏み渡るとき誰もが緊張したという。

その次は代沢小の坂口安吾文学碑だ。彼は、若いときにここで教鞭を執った。『風と光と二十の私と』はこのときの体験を書いたものだ。その作品の一節「人間の尊さは自分を苦しめるところにある」を碑に刻んである。大田区東矢口にあった安吾旧居の門柱を譲り受けて、これを碑に活用したものだ。

「碑を建てるまではドラマでしたね。でも四つ建てた中で一番思い出深いものです。せっかくです。記念写真を撮りましょう」

坂口安吾と特攻隊、関係なくはない。彼はこの門柱の建っていた家で「特攻隊に捧ぐ」を書いている。戦後、特攻崩れというのが大きな社会問題になった。このとき彼は特攻隊を擁護した。「若者の胸に殉国の情熱というものが存在し、死にたくない本能と格闘しつつ、至情に散った尊厳を敬い愛す心を忘れてはならないだろう」と。

私自身、特攻を意識的に調べようとした訳ではない。安吾と代沢小のかかわりを調べているうちに、この学校の疎開に行き合った。

「戦時中ここの学童は浅間温泉に疎開していました。そのときに武剋隊が宿にやってきたのです。その関係から武揚隊のことを知ったのです。一連の物語のすべては代沢小機縁です。山本家の方々が上京されてここに来られたというのも不思議な縁ですよね……」

私たちは安吾文学碑を見た後、三好達治文学顕彰碑、萩原朔太郎ゆかり記念碑を回り、後は会の事務局となっている珈琲店「邪宗門」で休憩をした。

「ここは因縁の巣窟みたいなところです。この部屋はひばりルームと言って美空ひばりのレコードが数多くあります。松林尚恵監督はもう亡くなられましたが、よくレコードを聞きに来ておられました。監督の代表作に『連合艦隊』がありますね。あの中に特攻場面が出てきます。大阪で試写会があったとき『監督さん、特攻機が艦船にぶつかっていくときお母さんと兵に叫ばせていましたが、あれは天皇陛下万歳というものじゃないですか』と言われたことがありましてね……』と、話しておられました……」

特攻が特攻を呼ぶ、一連の因縁かもしれない。

「いろいろな偶然があって、武揚隊のことを調べることになったのですが、最初は、疎開学童から聞いた話と遺墨に書かれていた短歌しか知りませんでした。このところ山本さんとメールのやりとりをして少しずつ隊長の人となりとがわかってきました。歴史のあるお家だったのですね」

「山本家は、初代から数えて薫で十二代目になります。薫の両親は教師をしておりまして、夫婦には自慢の息子だったようです。特に母親が可愛がっていて、観音様の生まれ変わりだと言っていたくらいだそうなんです。薫は県下でトップの徳島中学に行き、成績は常にトップクラスだったとか聞いています……」

山本富繁さんの話である。

「疎開学童からはとても厳しい人だったと聞いていたのですが、遺墨に書かれた短歌を見ると古典の素養がある、文学的感性があると思いました。わかってみるととても真面目な青年だったのですね……ところでご家族で台湾に行かれたそうですが」

「そうなんです。薫のことは主人の母から特攻に行って亡くなったと聞かされていました。しかし、子育てとか仕事とかで忙しく過去のことを考える暇もなかったのですが、三人の子どもたちも私たちの手を離れてしまって薫のことを考える余裕もでてきたので、一度最期の地となった八塊飛行場に立ってみたいと思うようになって行きました。戦争からもう遠く隔たってしまい、薫のことも忘れかけていました。行ったことで改めて薫のことが思い出されました。もっと知らなくてはならないと思って娘に話したところ、すぐにネット検索で調べてくれました。『特攻隊・台湾・山本薫』で調べると、先生の著作がすぐに引っかかったのです。それで三作を読ませていただきました。武揚隊が新田原まで行ったところまではよく調べておられたのですが、その後がありませんでした……」

「そうそう、そうなんですよ。新田原までは行って陸軍

武揚隊山本薫中尉

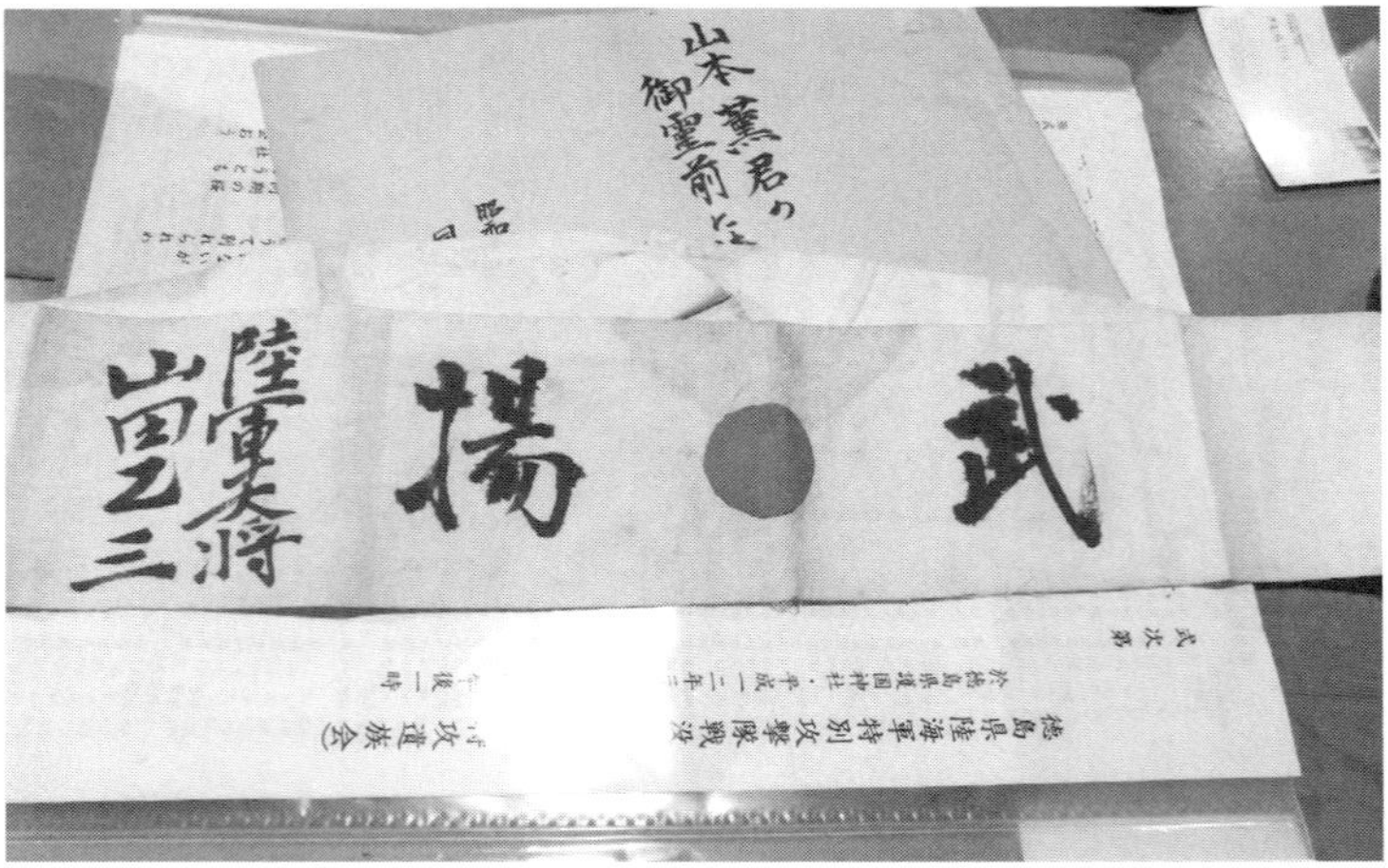

山本家資料

飛行場跡も見、また最後の宿泊地八紘荘跡にも行きました。そこからは台湾に向けて飛んで行ったのですよね……」

「ええ、それで終戦後、五年経って台湾まで武揚隊を送って行った菱沼俊雄さんがうちに来られて、『山本薫君の霊前に捧ぐ』という手記をまとめて、お悔やみに来られたのです。今日は、それを含めて四国から持って参りました……」

手記の現物、遺書、書類、写真などである。鉢巻もあった。真っ白だったものだろう、時が経って黄ばんでいた。真っ赤な日の丸をはさんで、武揚と墨書されている。署名があって「陸軍大将　山田乙三」とある。関東軍司令官自らが認《したた》めたものだ。歴史の片鱗を物語る証拠の品だ。

「ああ、これですか?」

手記の現物を持って来ておられた。それが机の上に置かれた。

まず表紙は筆書だ。「山本　薫君の霊前に捧ぐ」とあって、「昭和二十五年五月　同期生　菱沼俊雄」とある。彼は戦後、日航に入り国際線のパイロットとして勤務した。

「御巣鷹山の日航機事故のときは航空評論家として活躍さ

れていまして、テレビには出ずっぱりでしたよ」

山本喜美代さんはそう話される。

その手記だが、ペンでびっしりと書かれている。彼の同輩に対する想いが一字一字に染み出ている。以下、これを書き写したものである。なお、旧漢字は新漢字に改めた箇所がある。

(三)「山本薫君の御霊前に捧ぐ」(原文ママ、ただし難解と思われる漢字には適宜ルビを振った)

故陸軍少佐 山本薫君御戦死に至る状況

昭和二十五年五月　同期生　菱沼俊雄　記

(宮城県仙台市光禅寺通五十五)

山本君が特攻隊長として沖縄の海に散華されてから早くも五年が経ちました。山本君の同期生の一人として、又最後の見送りをした一人として、夙《つと》に御手紙を差上ぐべき筈《はず》でござゐましたが、戦争中の各資料を整理してからと思ひますうちに種々の事情で今日まで延引《えんいん》し、誠に申訳なく存じて居ります。

偶々《たまたま》今度、私の中隊の戦死者の墓参の為《ため》各地を廻りますうち、四国にも参りましたので好き機会と存じ、御墓参りをさせて頂くことに致しました。又其のついでに当時の状況ご説明の為、簡単に其の

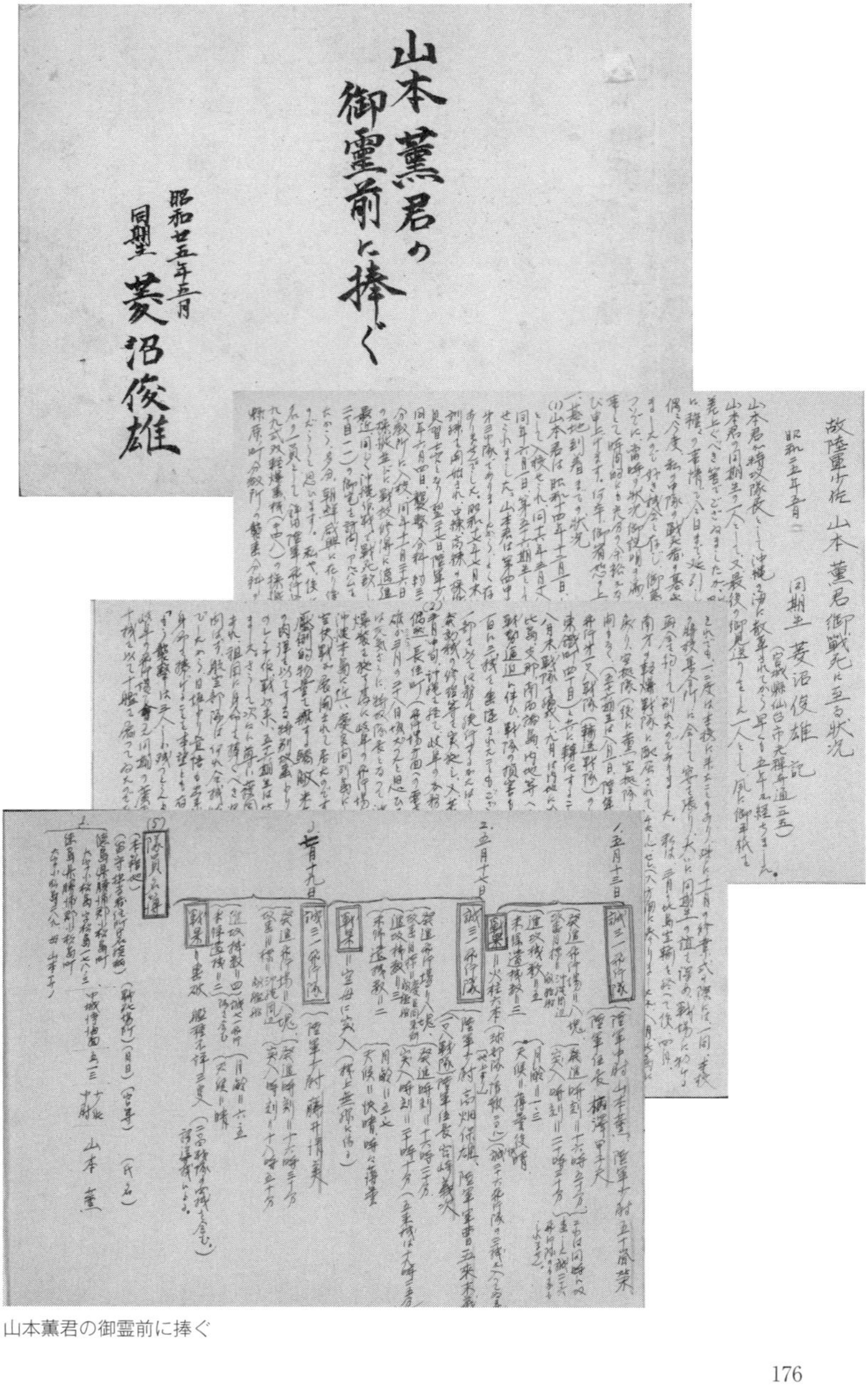

山本薫君の御霊前に捧ぐ

記録をまとめました。旅行中の事として時間的にも充分な余裕がなく不備乱筆になりましたことを深く御詫び申し上げます。何卒、御宥恕《ゆうじょ》の上、御判読下さいます様御願い致します。

一、基地到着までの状況

（一）山本君は昭和十四年十二月一日、東京市ヶ谷の陸軍予科士官学校に第五期生として入校せられ、同十六年三月十八日に同校を卒業。士官候補生として隊附き勤務の後同年六月一日、第五十六期生として埼玉県豊岡の陸軍航空士官学校に入校せられました。山本君は第四中隊（中隊長前川国雄少佐）第六区隊で、私は第三中隊でありましたからよく存じ上げては居りましたが、余りお話したことはありませんでした。昭和十七年七月末以降は分科が決定し、山本君も飛行機の操縦訓練を開始され、中練、高練の操縦を習得の上、翌十八年五月二十六日同校見習士官となり翌二十七日、陸軍少尉に任官、正八位《しょうはちい》に叙せられました。

同年六月四日、襲撃分科約三十名の一人として鉾田《ほこた》陸軍飛行学校原ノ町分教場に入校、同年十一月二十六日修業に至る六ヵ月間、九九式襲撃機（キ五一）の操縦並びに戦技習得に邁進《まいしん》され其の後部隊に配属せられた筈《はず》であります。最近、同じく沖縄作戦で戦死しました同期古澤保君（宮崎市広島通二丁目十二）の御宅を訪問、アルバムを拝見致しました際、一緒に写って居られましたから、多分、朝鮮咸興《はむふん》に在り後、北支大同に移駐した教育飛行隊に居られたのだろうと思ひます。私や、後に出て参ります鈴木君は軽爆分科五十数名の一員として鉾田陸軍飛行学校の本校（茨城県鉾田町の東方）に於いて九九式軽爆撃機（キ四八）の操縦、戦技の訓練に邁進して居りましたが、福島県原ノ町分教所の襲撃分科の同期生とは余り会ふ機会がありませんでした。

それでも一二度は本校に来たこともあり、殊に十一月の修業式の際には一同、本校の将校集会所に会して宴を張り大いに同期生の誼《よしみ》を深め戦場に於ける再会を約して別れたのでありました。私は、三月の比島空輸を終へて後、四月、南方の軽爆隊に配属されてチモール、セレベス方面に参りましたが、八月比島に戻り、空挺隊《くうていたい》（後に薫空挺隊と命名）の一員として訓練を始めました。併《しか》し間もなく（五十六期生は八月一日、陸軍中尉に任ぜられました）台湾で新設された飛行第一〇八戦隊（輸送戦隊）の中隊長として、鈴木盛雄君（同期生、八幡市東鉄町四丁目）と共に転任することとなり、八月中旬、台湾に戻りました。

八月末戦隊を編成し、九月は内地に於いて飛行機を受領《じゅりょう》。十月から作戦任務に就き、比島、支那、南西諸島、内地等への空輸を続行致しましたがレイテ作戦以降戦線逼迫《ひっぱく》に伴ひ、戦隊の損害も漸増《ぜんぞう》し、一月下旬には敵艦載戦闘機群の為一日に三機を撃墜されたこともござゐました。そこで二三月頃は戦力恢復《かいふく》の為一部を以て任務を続行するかたはら他の一部を以て内地での飛行機受領或は機体発動機の修理等を実施し、又若い操縦者達の実践訓練も怠りませんでした。
（2）
三月中旬、沖縄を経て、岐阜の各務原飛行場に発動機交換に参りました私は、偶然長住町《ながずみちょう》（飛行場方面への電車の乗り場）の駅で山本君に御会ひしました。確か三月の二十八日頃だったと思ひます。軍服の右胸に隊長章をつけた山本君は元気さうに特攻隊長となつて沖縄攻撃に行くことを話されました。飛行機に爆装を施す為に岐阜の飛行場に来て居られたのですが、既に同月二十五日敵は沖縄本島に近い慶良間《けらま》列島に上陸して居り、その前後から劇《はげ》しい彼我《ひが》の航空決戦が展開されて居たのです。

圧倒的物量を擁する驕敵《きょうてき》米英を阻止する最も的確な道はこの決死の肉弾を以てする特別攻撃より以外にはなかつたやうであります。十九年秋のレイテ作戦以来、五十六期生は皆特攻隊長となつて出撃し、多大の戦果を収めました。さうして次々に尊い護国の人柱となられたのです。私たちも時機の遅速はあれ、祖国に身命を捧ぐべき運命に在りましたし、特攻隊であると否とを問はず、航空部隊は何れ全機特攻隊であるべき事実に変わりがありませんでしたから、日頃より覚悟はできておりましたし、又祖国を護る為に自己の身命を捧げることを本望《ほんもう》とも存じて居りました。

「もう襲撃は三人しか残つとらんよ。」と山本君は申しました。それよりちょつと前に岐阜の飛行場で会つた同期の廣森達郎君は既に沖縄の敵艦船を襲ひ十機を以て十艦を屠《ほふ》つてゐたのであります。

山本君達の岐阜に於ける宿舎は岐阜と各務原の中間で飛行場に近い那珂町《なかまち》の航空兵站《へいたん》宿舎でありましたが、ここは空中勤務者、就中《なかんずく》特攻隊員が多く利用する所でありましたので給養も非常に良好でありました。

二十九日、私は戦隊長より特攻隊誘導の任務に就く為、至急新田原飛行場に帰還するやうにとの電報を受け取り、三十一日新田原に戻りました。三十日にはまだ故障がなほつて居なかつたのです。

(3)

四月一日、九州島内各地の飛行場に特攻隊関係の連絡を実施しましたが、此の頃、新田原、知覧等の各飛行場からは次々に特攻隊が一路沖縄に向かつて出撃して居りました。翌二日、熊本健軍《けんぐん》の飛行場から新田原に戻つてみますと山本君が来て居られました。各務原で準備を整へ、一度熊本の飛行場に行つていたのださうです。

新田原の飛行場は三月十八日に機動部隊の攻撃を受けて格納庫も一部を破壊されて居り、往復の輸送機の数も多く、夜は夜で沖縄への物資投下に行く重爆の輸送部隊、又日夜沖縄へ飛び立つ紅顔の特攻隊員の編隊等で爆音の絶ゆる間もなく、実に第一線基地としての緊張が漲《みなぎ》って居りました。

そうして沖縄の基地を始め内地・台湾間のコースに慣れて居りました。私は、山本君の特攻隊を台湾の基地まで誘導して行く大役を命ぜられました。いはば道案内と申しませうか。

山本君率ゐる隊は誠第三十一飛行隊で通称を武揚特別攻撃隊（武揚隊）と申しました。飛行機は三菱製の九九式襲撃機（キ五一）と云ひ対地攻撃を主とする急降下爆撃機で水平大速度約四百五十粁《キロメートル》／時、当時既に旧式機の部類に入るべきものではありましたが操縦性能が非常に良好で、使い方によつてはなかなか優秀な戦果を挙げ得たものであります。従つてレイテ以降特攻隊も数の上では、この飛行機が一番多く使用されました。攻撃には両翼に二五十粁弾を一発づゝ、計五百粁を積んで出撃するのが例でありました。此の飛行機は元来複座でありますが、特別攻撃機には通常操縦者一名が乗つて行き、隊長機のみに無線手が乗るやうにして居た様であります。武揚隊は総数十五機。他に整備員を運ぶ為のキ五四（一式双練）一機が所属して居りました。

隊長山本中尉の下には高畑、藤井、五十嵐、力石、長谷川、中村少尉や五来軍曹、海老根、飯沼、柄澤伍長等十五名の他、整備を担当する村上少尉以下の数名と双練を操縦する佐藤北村等が居りましたが、特攻隊員は将校、下士官共に二十歳前後の紅顔の若武者でありました。

宿舎は新田原飛行場に近い八紘荘といふ航空兵站宿舎で、ここも此の頃は特攻隊の専用宿舎として使はれて居りました。以前は、航空部隊は皆、ここに宿泊出来たのですが、此の頃では特攻隊員でいつも一杯なので自然に特攻隊専用の形になつてしまつたのです。私は特攻隊員ではありませんでしたので遠慮しましたが、「同期生で一緒に行くんだから泊めてください。」と係に話して手続きをしてくれました。お陰で私は態々飛行場から遠い町の宿屋に行かなくて済んだのであります。三日の夕方からは斯うして八紘荘に泊まり夕日のさしこむ浴場で山本君と二人きりでいろいろ話あひながら気持ちよく入浴いたしました。其の夜、深更、前述の鈴木中尉が板梨曹長、瀧口軍曹を連れてやつて来ましたが、鈴木君は、先日大刀洗《たちあらい》へ飛行機の整備に行つて居るうちにB29の爆撃で其の飛行機を壊はされ、仕方なく私の飛行機で基地へ帰る為に汽車で到着したものでありました。

四月四日午後、武揚隊員は宮崎神宮に参拝することとなり、航空分廠《ぶんしょう》の大型バスに乗り十四時頃、新田原を出発致しましたが、私や鈴木も同行致しました。第八飛行師団（台北に司令部があり、台湾南西諸島の航空部隊はすべて其の指揮下にあります。山本君の特攻隊もさうです。）の新田原連絡員福澤大佐や新田原飛行場司令官鈴木中佐、飛行第一〇八戦隊長古川中佐等も御一緒で、一同神宮に参拝の後、社務所で出陣式を行ひました。するめや蜜柑《みかん》の馳走を受け土器の盃で神酒を頂きました。もう南九州の事とて緑の若草や木の若葉も萌え出て如何《いか》にも明るい駘蕩《たいとう》なる春景色でありました。

其の夜山本君などは壮行の宴を張り、隊員一同大いに軒昂《けんこう》なる意気を見せて内地最後の夜を過ごしました。私達の宿舎の女中さん達に台湾から持つて来た砂糖でおはぎを作って貰ひ山本君達にも食べて頂いたやうに思います。

四月五日。連日の晴天続きでしたが、此の日も申し分ない好天気でまことに特攻隊の出発にはふさわしい日でありました。誘導機である私の飛行機は一式双発練習機丙型（キ五四丙型。輸送機です）で速度がキ五一よりも遅いので少し発動機の馬力《ばりき》を余計出して飛ぶ必要がありました。乗員は私と鈴木君の他、機関係山村曹長、無線は渡辺軍曹が新田原に残ることとなり代りに瀧口軍曹が担当、其の他に板梨曹長と、他部隊の将校二名でありましたが、飯沼伍長の飛行機（キ五一）が不調で技量の充分でない同伍長には少し危険なので出発を遅らせない為に鈴木中尉が代わって運ぶことになりました。九時誘導機の離陸に続いてキ五一十四機が出発。飛行場には福澤大佐等の将兵が整列し、手を振りつつ武揚隊の門出を見送っておりました。

（4）

編隊群は人吉《ひとよし》上空を過ぎ、右に長崎を見つつ五島列島を飛び越し、まず南鮮済州島《さいしゅうとう》の北岸に在る済州飛行場に着陸いたしました。ここで午後鈴木中尉機の到着を待ち且つ整備や燃料補給を行ひ故障機がある為、ここに一泊することとなりました。済州も田舎街として宿屋もあまりありませんが薩摩旅館といふのに投宿し同行の師団司令部員辻本少将の奔走《ほんそう》の結果、平壌産の銘酒「金千代」が夕食の膳に上り隊員の旅情を慰めてくれました。済州は南九州と同様既に桜の花も咲いて居りましたが、朝夕、薄寒い程なので南方や台湾に長く居た私共は聊《いささ》か閉口致しました。

四月六日午後飛行場へ出かけましたが、旅館の内庭の桜は爛漫《らんまん》と咲き乱れて折からの花吹雪の下に立つ若い飛行服の特攻隊員の勇姿はさながら絵のやうに美しく崇高《すうこう》なものでありました。実に花は桜木人は武士とでも申す風情でござゐました。出発を前に、宿で、浪花節を唸る若い下士官の隊員も居て、皆なかなか朗らかでありました。十四時頃済州出発。途中東支那海上で、北上中の海防艦四隻を見ましたが、上海大場鎮《だいじょうちん》飛行場に到着したのは十一機でありました。（前述十五機になつて居りますが、各務原で整備が捗らず十三機が新田原に前進したのであつたかと思ひますが記憶は正確ではありません。）一機は済州島に残り、一機は海上に不時着水して前記の海防艦に救助された旨《むね》艦長より電報があり、山本君もほつとされました。飛行機が古いので故障も多く、又若い操縦者が多いので山本君の心配も並大抵ではなかつたと思はれます。この十数機の飛行機を無事に台湾まで運ぶのには相当な努力が必要でありました。特攻隊員を途中、事故の為に死なすのは本人とつても残念此上ないことです。其の夜も、山本君は、遅くなつてから航空兵站宿舎に到着致しました。

四月七日午後、編隊は上海《しゃんはい》西南百数十粁の杭州《こうしゅう》に前進致しました。上海と台湾の間は七百粁で九九式襲撃機にとつても充分な航続距離内に在りましたが、山本君は「大切な壮挙には是非とも一機の欠機もなく全機揃つて参加したい。」と、大事をとつて杭州に前進したのであります。杭州まで出ると台北への距離は百粁余も短縮されます。飯沼伍長の飛行機が依然不調なので山本君は再び私の飛行機で上海に引返し、私は薄暗くなつてから杭州に戻りましたが、山本君は其の夜戻つて参りませんでした。

四月九日、山本中尉上海より飛来。私共の宿舎は杭州、西湖畔、山の中腹に在る白亜の西冷飯店（レークビューホテル）といふ立派なホテルでありました。戦前は外人専用の観光ホテルで、西湖を一望に収める杭州随一の旅館です。

山本君は、台湾到着早々、攻撃に使用せられるものを判断し、ここで完全に整備して全機一斉に台湾へ出発出来るやうに希望され、その為には数日の滞留も止むを得ないと考へられたやうです。杭州は台湾への最後の飛躍点であるからです。

それから二三日は整備を行ひ、十日は鈴木、山本、両君と私の三人で美しい春の西湖畔を散策致しました。湖岸で田螺《たにし》を取る母娘が居たので山本君は早速話し掛けましたが一粒が何円とかするさうです。当時の支那の物価は非常に高かつたので私達は何も買へませんでした。ホテルに近い岳飛《がくひ》の墓にお詣りしましたし錦帯橋も渡りました。ホテルは石だたみの坂道を登つた小高い所に在り洋式ですべてが整つて居りますし、支配人以下（職員は日本人が多いのですが）特攻隊のこととて、利害打算を超越した親身の世話をしてくれました。食事も毎食趣向を変へてお茶の時にはケーキも添へました。食堂からは西湖が一望に入り、雨に煙る西湖や湖畔の楊柳《ようりゆう》を見ることが出来ましたが、流石《さすが》に美しい眺めでありました。部屋も一人一人洋式の大きな室を割当てられましたが、最後の晩は山本君と同じ室に休みました。其の夜もいろいろ話し合ひました。所が杭州飛行場の大隊長は我々の滞在が理由なくして延引してゐると誤解したのか、早期出発を督促《とくそく》するのです。一つには空襲の顧慮《こりよ》が大きい為、自分の飛行場で多くの特攻機を破壊されることをその責任上、好まなかつたのでせうし、一つにはホテルの経費が嵩《かさ》み其の予算に影響することを懼《おそ》れたのでありませうか。電灯料が一時間六百元もするなどと説明致しましたのも其の一端の現はれでせう。陸士の本科出身の将校ではありませんでしたので、多少は我々と気風の違つた点もあつたのだらうと思ひます。其の言葉の中に皮肉やら誤解が多く含まれて居りましたので我々も不愉快でありましたしたし、ホテルの支配人達も感情を害したやうでありました。勿論《もちろん》、一刻も早く全機を揃《そろ》へて整備を完成し台湾へ出発しようと一生懸命だった山本君は疲労しても居りましたし、神経もいらだつて居りましたから相当心の中で憤慨されたやうでした。そうしてどんなことがあつても明日は発つと決心されました。

四月十一日、朝ホテルの人達に見送られた我々は杭州の町を通り抜け西北方向八粁の郊外に在る杭州筧橋《けんきょう》飛行場に到着、出発準備を整へて、午後出発することとなりました。大隊から街の日本人会に電話がかけてありましたので沢山の在留邦人が見送りに参り、山本中尉を始め隊員に花束やお菓子の類など贈つてくれました。女の人や子ども達までが日の丸の旗を振る中を十六時頃離陸。一路台湾に向かひましたが、銭塘江《せんとうこう》を越え諸暨《しょき》附近まで来ると山本機が左後方からスーツと出て来て誘導機と並び翼を左右に振つた後、サーツと引き返してしまいました。僚機も之にならつたので誘導機も当然引き返す他はありません。

山本君は二機ばかりが離陸できないで残つてゐるのに気付いたのでありました。高畑少尉の三機編隊は隊長機の引返しを知らなかつたのか、そのまま台湾へ飛んで行きました。三機は間もなく無事に台湾桃園《とうえん》飛行場に着陸して居ります。その日は飛行場の兵舎に泊り、邦人から貰つたチョコレート等を食べたり、色々な話に興じましたが、夕刻着陸直後、飛行大隊長が「明朝前進せよ」といふ第八航空師団の電報を示して戦勢は一刻争ふから是非《ぜひ》明朝出てほしいと催促するので整備の不完全を気にしてゐた山本君は心平かならず、「是が非でも明朝発つ」と申されました。当時、台湾に対する機動部隊の攻撃は其の頻度《ひんど》を加へ特に早朝、艦載機来襲の傾向がありましたし、日中は比島方面よりの爆撃機来襲が活発でありますので、台湾向けの飛行機は出来るだけ、少くも十六時以降の夕刻、台湾に到着するやうに指導されておりました。従つて当の飛行師団司令部が大切な特攻隊に「朝前進せよ」と態々《わざわざ》命令して来たといふことには多少不審な点がないでもありませんでしたが、山本君はどうしても明朝行くと云つてきかれませんので、我々も「朝行くならば少しでも早い方が良い。夜明け前に出発しなければ…」と相談しました。併《しか》し若い特攻隊員の中には充分夜間飛行の経験がある者が居ませんので払暁《ふつぎょう》六時頃出発といふことに決定したのです。

四月十二日は四時起床、飛行場は未だ薄暗く、而《しか》も霧が出て居りましたが出発の予定は変更せず山本君たちの編隊は早くも滑走路の一端出発線に並びました。誘導機の準備が多少遅れて私は滑走路の途中から前照燈を点滅しながら左右の翼燈をつけたままで編隊の前に位置しました。いつも誘導機が最初に離陸するやうにしてゐたからです。レバーを入れ、飛行機が滑走路上を滑り出した途端、ガタガタと衝撃があつて飛行機は停りました。丁度三十分程前敵戦闘機二機が上海と杭州の中間にある嘉興《かこう》を南下したいといふ情報を聞いて居りましたので、てっきり敵機の対地攻撃受けたものと思つたのですが、見ると特攻機が私の飛行機の尾部にかみついて其のプロペラで尾翼を壊して居りました。未だ東の空が白みかけたばかりで薄暗くおまけに霧がありましたので、私の飛行機に気付かず、誘導機は既に離陸したものと思はれたのでした。私が前照燈を点滅すると、之に応へるやうに山本君も前照燈を点滅したので私の飛行機が前に入つたのを認められたのかと思ひましたが、御互ひに先を急いで事前の協定が不充分でありました為、かういふ結果になつたわけでありました。山本君の飛行機が私の飛行機の尾部に、又僚機の藤井少尉機が翼端に触れ、誘導機も又特攻隊長機も飛行不能となりました。山本君は「急いで居たものだからもう誘導機は離陸してしまつたのだと思つて飛び出したんだ。本当にすまぬことをした」と率直に詫びられ、私も自分の軽率を謝しました。山本君は出発の意志を枉《ま》げず、直ちに二番機に乗り換へると、六機で出発いたしました。私達誘導機の乗員や隊員の一部は暫《しば》く待機することとなりましたが、不運にも此の日、早朝、敵機動部隊艦載戦闘機の大群が台湾北部に来襲、丁度同時刻、台湾北部海面を飛行中の山本編隊は之と遭遇、その半数は撃墜され、他は与那国島付近に不時着を余儀なくされました。長谷川少尉等二、三機は戦死、又羅針盤《らしんばん》の誤差の為與那国島《ためよなぐにじま》方面に出た山本中尉機、中村少尉機等は與那国島に不時着。（僚機は途中で墜とされたわけです）中村少尉は負傷して石垣島の病院に入院し、山本君は一週間後に船で台湾に到着致しました。

師団司令部のからの無茶な電報や、杭州飛行場大隊長の不親切がこんな結果を齎《もたら》したので山本君もさぞ残念であったことと思ひます。私達は台湾の基地に打電して迎えの飛行機を待ち残っていた特攻隊の五十嵐、力石、藤井少尉等は翌十三日に台湾に前進整備員を運んだ佐藤少尉等はここから双練で内地に帰還致しました。

十五日夕刻迎えに来た部隊の飛行機で杭州を出発した私共は霧の為、桃園に着陸できず、夜の九時に台中《たいちゅう》着陸。翌十六日、桃園の基地に戻りました。

二、出発前後の状況

（一）

一〇八戦隊でも十五日夜の南西諸島空輸に第一中隊長機が未帰還となる等損害が少なくありませんでしたが帰隊早々私と鈴木中尉は屏東《へいとう》からキ四八（九九式双軽）二機で空輸し私は特攻隊の誘導並びに戦果確認を命ぜられました。それまでは台湾よりの特別攻撃は宮古、石垣島を基地としておりましたが、此の時始めて台湾本島から七五〇粁の海上を飛び沖縄に直接攻撃を加へることとなりその最初に比較的沖縄のコースに明るい私達が誘導の任務を受領したのでありました。私は四月二十二日、十七時、誠第一一九飛行隊（キ四五=二式双発複座戦闘機）を誘導してキ四八で桃園飛行場から出撃致しましたが、丁度《ちょうど》飛行場に見送りに来て居た山本君は、「貴様の方が先になつてしまつたな。しつかりやつてくれ。」と私と固い握手を交はしました。誘導、戦果確認機は特攻隊と行動を共に致しますので未帰還になる方が多いのです。山本君は二十日の朝、私たちが双軽を空輸して屏東から戻つたときに桃園の飛行場に居られました。與那国島から船で石垣島に渡りそこから一〇八戦隊の飛行機で台湾に帰り其の朝到着されたのでありました。

沖縄では敵の戦艦、巡洋艦の上空四百メートルを飛びましたので集中砲火を浴び操縦席に近い翼面に大孔《おおあな》を開けられフラツプの横棒切断、油圧パイプ切断、無線アンテナ切断、無線機破損等の損害を受け、脚が出て速度が出ず止むなく宮古島飛行場に不時着致しましたが、今度は爆撃で発動機に被弾し、更に出発時、暗夜で霧の中を強引に離陸しようとして左車輪を滑走路の弾痕にひつかけて左に偏向、谷底に墜ちて大破炎上する等、種々の事故に遭ひました。が、奇蹟的に微傷も負はず二十八日早朝迎えの飛行機で桃園に帰還し、更に次の攻撃を準備致しました。

（2）

此の頃、山本中尉率るる武揚隊は桃園飛行場の東南十七粁にある八塊《はつかい》飛行場を基地として整備竝《なら》びに訓練をして居りました。又一〇八戦隊の鈴木中尉は若い操縦者の夜間訓練を担当して同じ八塊飛行場に居り、何れも八塊の小学校校舎の一部を宿舎にし特に特攻隊員と鈴木中尉は先生の官舎に滞在して居りました。私の中隊は軽爆を以て特攻の誘導戦果確認を担当する一方、双軽を空輸整備して攻撃

郵　便　は　が　き

料金受取人払郵便

麹町局承認

3510

差出有効期間
平成30年12月
19日まで
（切手不要）

102-8790

205

東京都千代田区九段南
2-2-7 北の丸ビル 3F

えにし書房編集部　行

◎本書をご購入いただき誠にありがとうございます。
今後の出版企画に活用いたしますので、ご意見などをお寄せください。
メールでもお受けします→ info@enishishobo.co.jp

お名前（ふりがな）		
ご住所		
性別	年齢	メールアドレス

書　名
ご購入店 都道　　　　書店 府県
本書をお知りになったのは ①書店・ネット書店で　②新聞・雑誌の記事で　③新聞・雑誌の広告で ④ SNS などネット上で　⑤友人からプレゼントされて ⑥その他（　　　　）
本書へのご意見、著者へのメッセージなどありましたら、お聞かせください。
「こんな本が読みたい！」という本があれば教えてください。

ご協力どうもありがとうございました

準備を進め五月末には正式に飛行第一〇八戦隊爆撃飛行隊として軽爆隊に改編されました。此の頃は南西諸島方面は悪天候が続き、而《しか》も夜間任務に就く為、戦隊の輸送機も損害が多く行方不明になるものもありました。

五月三日はヒットラーの戦死やベルリン陥落の悲報を聴き、夕刻鈴木中尉の飛行機で八塊に参りましたが、其の夜は山本君達と一緒に寝みました。其の夜は色んなことを話し合ひ、又高畑少尉、五十嵐少尉が作詞作曲した武揚隊歌を教へて貰つて合唱致しました。私や鈴木中尉も一〇八戦隊に来る前は薫空挺隊に居りましたし、元来《がんらい》空中勤務者で特攻誘導等にも出て居りますから、特攻隊員の気持もよく分かつて居りますし、私達も何日か後には特攻隊員として出撃すべき運命を負つて居りましたから当然日頃から覚悟は出来てゐた心算でありますが、やはり攻撃を数日後に控へ、生還を期せざる決死の若き特攻隊員の姿を見ると其の胸中は如何《いかが》であらうと想像するだけで胸がいつぱいになるのを覚えました。しかし、山本君を始め、特攻隊の若鷲達は至極《しごく》朗らかで何の屈託もないやうに平常と変らぬ生活をして居り、却つて私共の方が戸惑ひするやうな有様でありました。台北の飛行師団司令部に連絡したり、又北投《ほくとう》の温泉にも一回は行かされたやうに記憶して居りますが、北投は台北の近郊、大屯山《だいとんざん》の中腹にある台湾一の温泉で立派なホテルや旅館が多く、悠々と流れる淡水河《たんすいが》を俯瞰《ふかん》し観音山や多くの山に囲まれた雄大な台北平野が一望に見渡せる景勝の地であります。見晴らしの一番良い所にある佳山といふ和洋両風の立派なホテルが陸軍保健所として使用され、特攻隊や航空部隊の休養に当てられて居りました。台湾は元来物資が豊富で甘い菓子や果物も多く、特に特攻隊の給養には充分注意が払われて居たやうであります。八塊は田舎の部落で面白いところもありませんが、隊員は整備の閑暇《かんか》等には学校のオルガンを弾いたり、近所の子供達と遊んだり、トランプをしたりして楽しさうに過ごして居りました。台北から疎開した内地人も多かったので日本舞踊で慰問する若い娘さん達も居り先生方や近所の内地人、本島人達も何かと親身の世話をしてくれたやうであります。食事も飛行中隊から出てゐる当番兵が給仕をして甲斐甲斐《かいがい》しく働きました。山本君もよく冗談を云つては皆を笑はせ、隊員も隊長に心服してよく団結し、何れも死を視ること帰するが如しと云つて神のやうな境地にありました。私も武揚隊歌を合唱しながら胸が熱くなりました。

七日の夜は桃園飛行場の航空兵站宿舎（空中部隊宿泊所）で皇民奉公会芸能奉公団の一行が慰問演芸を催してくれましたので、山本君も鈴木君も共にトラックで八塊から見に来ました。台北少女歌劇団が主体で、出演者は大概本島人《ほんとうじん》でありましたが、いろんな日本名をつけた少女達が歌や踊りで我々を楽しませてくれました。台湾は五十何年の統治で完全に日本化して居りますので本島人も日本語しか知らないものが沢山居ります。

八日には、八塊に帰る山本、鈴木両君のトラックで同行、夜はトラックで中壢《ちゅうれき》の街に出ましたが大詔奉戴日《たいしょうほうたいび》とて料理屋も閉つて居りますので近くの劇場に入り台湾芝居などを見ました。言葉が分からないので外に出て桃園の街へ廻りました。山本君が早くも先輩顔をして「桃園を案内してやらうか」と云はれるのです。どこも夜遅くで店が皆閉まつて居た為仕方なく八塊へ帰りました。

九日、朝鈴木君の飛行機で桃園に戻り、十日の夜は石垣島の空輸に行き十一日早朝帰着しました。

十二日は双軽の試験飛行。

（3）

五月十三日。電話で山本中尉出撃の報に接し、私は急遽《きゅうきょ》戦隊長古川中佐と八塊飛行場へ車を飛ばしました。宿舎へ着いて見ますと、山本君は縁側へ机を持ち出し鉛筆で何かしきりに走り書きして居られました。私達に気付くとニッコリして「一寸手紙を書いて居るところだよ。」と云はれました。私は宮古島で飛行機が炎上して以来、軍刀を持って居りませんでしたので、山本君は以前から「俺の軍刀を使へよ。」と云っておられましたが、「いや、それはいかん。やっぱり武士の魂と云はれるものだから最後まで持って行った方が良いよ。」と私はお断はりして居りました。此の日も再び奨められましたが、お断りして軍刀の吊革のみ戴きました。（之は実際に使用して居りましたが、終戦当時のドサクサでっひどうなったかの記憶がなく、実に申し訳なく存じて居ります。）十五時から宿舎の一室で最後の会食があり、武揚隊員の他に第八飛行師団参謀長岸本重一大佐、飛行第一〇八戦隊長古川日出夫中佐や鈴木中将、私等数名が一緒になって色々と話し合ひました。白布をかけたテーブルの上にはパイナップルの缶詰や「おこし」、枝豆、氷砂糖などの菓子も沢山並べられて居りました。（畳の上です）。征くもの残るものの想ひは一つです。参謀長は「私が見送りに来ると不思議に皆成功するんだよ。」と冗談の様に云はれながら激励されましたが、其の胸中は嘸《さぞ》かし辛いことだったでありませう。流石《さすが》に山本君達より私達の方が沈み勝ちでありました。終りに隊員は武揚隊歌を合唱し、私共も無量の感慨をこめて、之に合はせました。（宿舎では皆和歌などの辞世を作って居られたやうですがどうなったか知りません。）十五時三十分頃、宿舎を出発。山本君も戦隊の乗用車に乗って飛行場に向ひました。此の日台北の方は晴れて居りましたが、午後は積乱雲が発達し八塊附近も地形の関係で雲が多く薄曇りから曇り程度となり時々、場所により雨も降りました。整備班長村上少尉等の苦心で飛行機の準備も終つて居り、自ら各自の区処《くしょ》をし、点検を了へた山本君は隊員と共に飛行場ピストに近い天幕の前に整列すると（十六時過ぎ）陽焦けして引締まつた顔も態度も礫岩《れきがん》毅然《きぜん》として参謀長に対し敬礼し、「武揚隊山本中尉以下五名、各機搭乗、只今より出発。沖縄周辺の敵艦船を索《もと》めて攻撃致します。」と平常と変らぬ落着いた元気な力強い声で報告され、参謀長も「御成功を祈る。」と応へられました。

それから祖国の方を拝して参謀長の発声で天皇陛下万歳を三唱し、又山本中尉の発声で武揚隊万歳が唱へられました。乾盃を了へた後、山本中尉以下、特攻隊の勇士は、整列する将兵の前を答礼しつつ過ぎて飛行機の方へ歩み寄りました。隊員は飛行帽の上に日の丸の鉢巻を締め、山本君の左手に肥前忠吉の名刀がしつかり握られて居りました。私と鈴木中尉は山本君としつかり手を握りました。感激が電気の様に身体の中をジーンと走りました。御互《おたがい》の眼と眼が一瞬一切の必要な言葉を話し合つたのです。山本君はニッコリして「後は頼むぞ」と云はれ、私達も自然に「うん、我々も直ぐ後から行く。」と答へました。小学校の先生や児童《じどう》、内地人も本島人も日の丸を手にして並んで居りましたが、親身の世話をされた之等の人達の眼には涙が光つて居りました。今迄行を共にして来た整備班の村上少尉以下も何とも云へぬ気持ちだつたことでせう。隊員は機上の人となり一しきり爆音を轟かせて試運転を終ると夫夫《それぞれ》手を左右に振って車輪止めを外させ総て出発線に就きました。キ51の各両翼には二五〇粁爆弾が二発懸架《けんか》されて居ります。山本中尉は各機の整置の終了を見届けると此方《こちら》に顔を向けニツコリ微笑されました。そうして右手を高く上げると前に振り出発の合図をされました。隊長機は弦を放たれた矢のやうに滑走を始め直ぐに尾部もピンと上に上りました。轟々たる爆音を残して一機又一機大地を離れて中空に舞上つて行きます。五来軍曹もマフラーを靡《なび》かせ手を振りながら離陸して行きました。最後に誘導機も離陸しました。時に五月十三日十六時三十分、上空で大きく旋回しつつ高度をとり隊形をととのへた編隊は、やがて真一文字に沖縄の空を目指して遙かなる雲の彼方に機影を没しました。見送りの人達はいつまでもじっと北の空を仰いで立ちつくして居りました。誰の胸にも言い知れぬ感激が溢れて居たのです。「明日は我々の番だ。」と私達は夫夫自分自身の胸に云ひきかせ、我々も最後まで山本中尉のやうな立派な態度でありたいものだと思ったことでした。此の日二機は故障で引き返し、隊長機を始め三機が突撃、多大な戦果を挙げましたが、誘導機は遂に還りませんでした。突入予定時刻十九時三十分基地に居た戦隊長鈴木中尉、私達は沖縄の空を拝して其の成功と冥福を祈り、我々も後に続かんことを誓ひました。

（４）

師団の調査によれば武揚隊の戦果は次の如くですが感状を正確なものと考へれば差支へござゐません。

一、五月十三日

誠三十一飛行隊

（陸軍中尉　山本薫　陸軍少尉　五十嵐栄
陸軍伍長　柄澤甲子夫）

発進飛行場＝八塊

攻撃目標＝沖縄周辺敵艦船

（発進時刻＝十六時五十分
突入時刻＝二十時三十分）これは同時に攻撃した誠二十六飛行隊のものかもしれません。

（進攻機数＝五
未帰還機数＝三）

（月齢＝一・三
天候＝薄曇後快晴）

戦果＝火柱六本（珠《たま》部隊の情報ニヨル）（誠二十六飛行隊の三機が入つてゐます）
［地上より］

２、五月十七日

誠三十一飛行隊（陸軍少尉　高畑保雄、陸軍軍曹　五来末義
（二〇八戦隊）陸軍伍長　宮崎義次

（発進飛行場＝八塊　（発進時刻＝十六時二十分
（攻撃目標＝慶良間東側敵艦船（突入時刻＝二十時十分（五来機は十九時二十五分）
（進攻機数＝三　（月齢＝五、七
（未帰還機数＝二　（天候＝快晴、時々薄曇

戦果＝空母に突入（機上無線に依る）

３、七月十九日

誠三十一飛行隊　陸軍少尉　藤井清美

（発進飛行場＝八塊　（発進時刻＝十六時三十分
（攻撃目標＝沖縄周辺敵艦船　（突入時刻＝十八時五十分
（進攻機数＝四　（月齢＝六、五
（未帰還機数＝二（誠第七十一飛行隊も含む）（天候＝晴

戦果＝撃破、艦種不詳三隻（二〇四戦隊の四機を含む。誘導機による。）

（５）隊員名簿

	（本籍地） （留守担当者住所氏名続柄）	（戦死場所）	（月日）	（官等）	（氏名）
1	徳島県勝浦郡小松島町 大字小松島字松島一七八ノ三 徳島県勝浦郡小松島町大字小松島町大字 小松島一七八ノ三　母　山本アサノ	中城湾《なかぐすくわん》海面	五、一三	少佐 中尉	山本薫
2	大阪市浪花区東田手町七七七番地 大阪市西成区皿池町一　兄　山本喜八郎	沖縄沖	五、一七	大尉 少尉	高畑保雄
3	京都府何鹿郡物部村 字物部小字東中磧十三番地 同上　父　藤井正作	那覇沖	七、一九	大尉 少尉	藤井清美
4	山形県米沢市木場町五九八八番地 同上　父　五十嵐勝蔵	中城湾	五、一三	大尉 少尉	五十嵐栄
5	茨城県久慈郡久慈町泉町一二七〇番地 同上　母　五来すゑ	沖縄周辺海上	五、一七	少尉 軍曹	五来末義
6	長野県小県郡豊里村大字芳田六九七番地 同上　父　柄澤翠	中城湾	五、一三	少尉 伍長	柄澤甲子夫

7 （飛行第一〇八戦隊）
奈良県添上郡櫟本町大字櫟本町七九六
大阪市天王寺区伶人町九十五
父　宮崎末吉

慶良間東側	五、一七	少尉 伍長	宮崎義次

高畑少尉はすぐれた山本君の部下達の中でも最も優秀で頼もしい将校でありましたし、五十嵐君と共に武揚隊歌を作りました。藤井少尉も多才で絵等も上手だつたやうです。五来軍曹も明朗闊達《めいろうかったつ》で、いつも黒い遮光《しゃこう》眼鏡をかけ、家人と会つた時も特攻隊になつたことは告げずに来たなどと云つて居り、又貯金を国防献金に出しました。柄澤伍長も同様で、又紅顔の若武者、宮崎伍長は私達の部隊から高畑少尉機の無線係として出撃したのですが、冷静沈着、最後まで見事に通信の任務を果し、「我敵空母に突入す」の打電を最後に散華致しました。

他にも隊員はいたのですが前述の如く、洋上に不時着したもの、グラマンに撃墜された者等あり、力石少尉の如く最後まで出撃の度に、発動機の不調で引返したものもあります。長谷川少尉、海老根伍長、飯沼伍長の名も覚えて居りますが、負傷して石垣の陸軍病院に入院した中村少尉とは戦後台中の街で会ひました。

三、

疎雑ながら以上が私の知つている武揚隊の攻撃経過の概要であります。山本君を始め同期生の多くも戦死し、私の部下たりし人々も多くを失ひましたが、我々は尚充分の戦力を保持して米英撃滅を期し只管《ひたすら》攻撃準備をすすめてゐたにも拘《かか》わらず、大命の下、哭《な》いて干才ををさめることになりました。其後、早くも五年を経て今日、当時を回顧すれば、感慨実に無量なるものがあります。私共無力なりとはいへ、亡き戦友の方々の遺志を奉じ、祖国再興に挺身することこそ生き残つた私共の唯一の任務であると信じ、今後共全力を尽して行きたいと念願して居ります。　以上。

この後に、菱沼氏が描いた「誠第31飛行隊使用機キ51（九九式襲撃機）」挿絵、それと飛行服姿で写った写真、手書きの地図と続く。これは台湾全図、松本から台湾への行程図、各務原飛行場を含む岐阜の略図、新田原飛行場略図、杭州（西湖、飛行場）、桃園飛行場略図、八塊飛行場略図である。

（四）菱沼手記に語られる事実

戦後になって菱沼俊雄氏は、山本薫中尉の実家を訪れた。その折のことを記している。

戦後、私は徳島県小松島に彼の遺族を訪ねた。そのおり、母堂から彼の軍刀の由来を聞かされたが、これは母堂が親戚、知人をまわって相当な苦心をして入手された貴重なものだということだった。また、刀自体も宝物級の名刀だそうで、もしかしたら、山本は私をとおしてあの軍刀を母堂の手元に形

誠 31 飛行隊使用機キ 51 のスケッチと写真（『山本薫君の御霊前に捧ぐ』より）

沖縄、台湾位置図（『山本薫君の御霊前に捧ぐ』より）

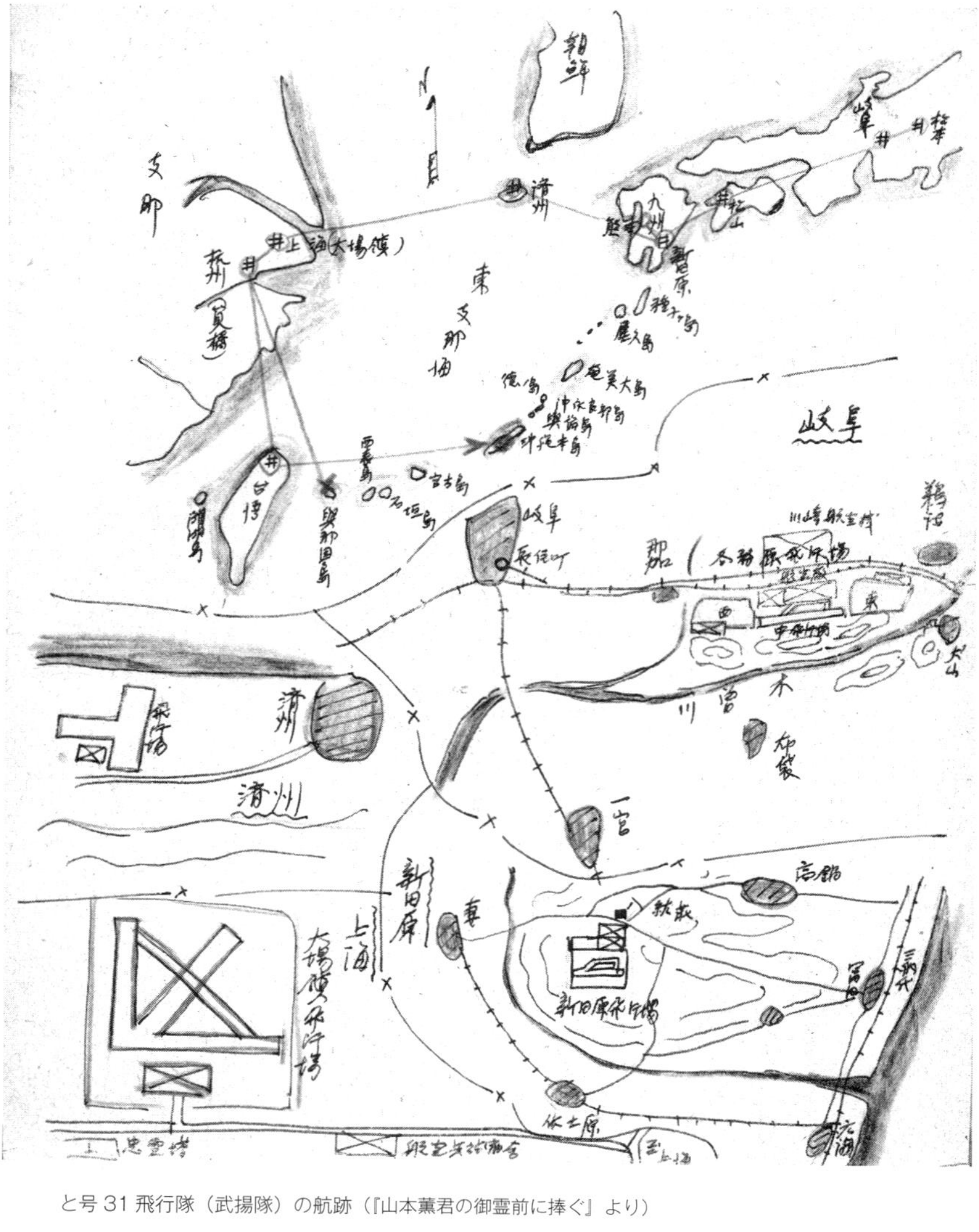

と号 31 飛行隊（武揚隊）の航跡（『山本薫君の御霊前に捧ぐ』より）

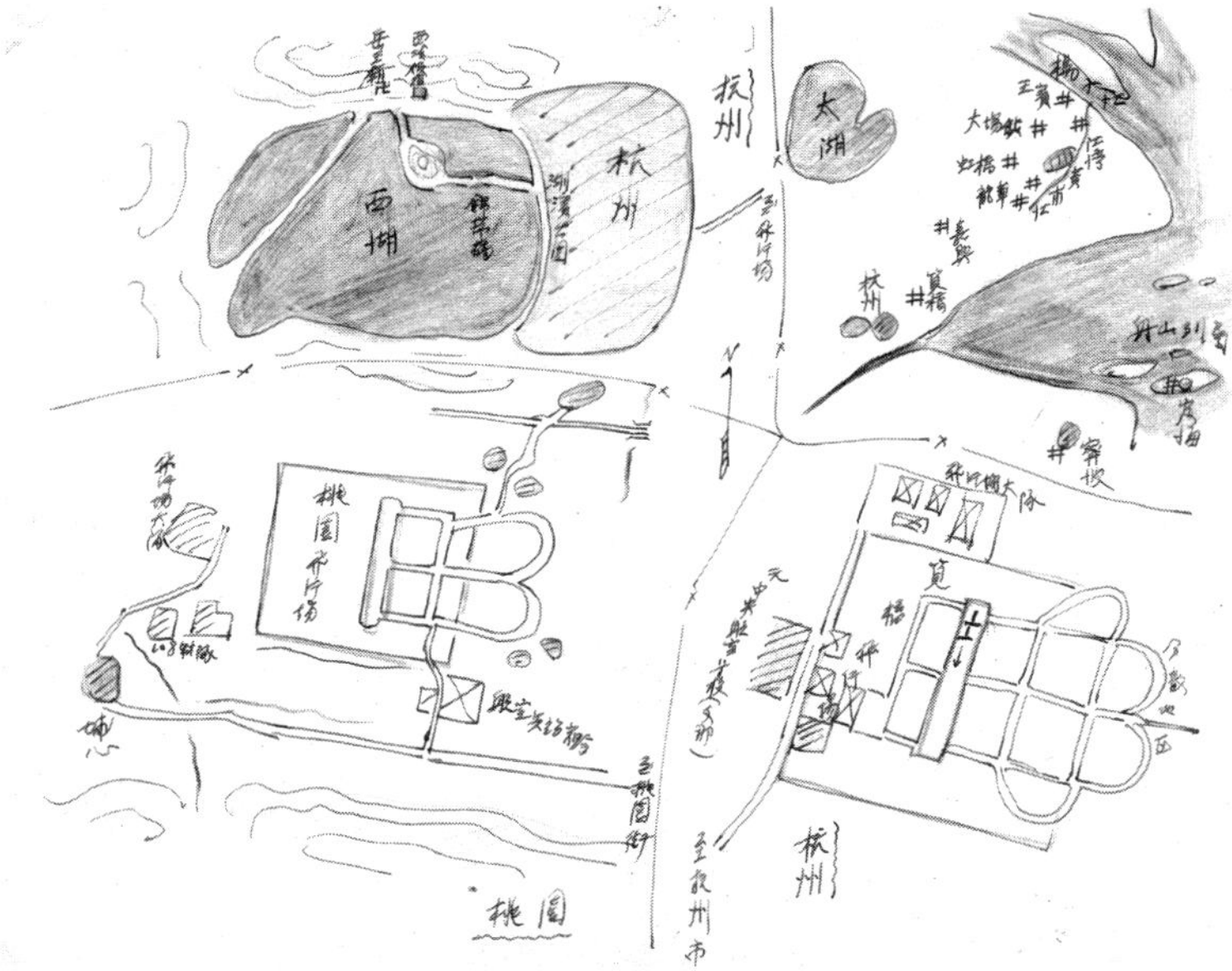

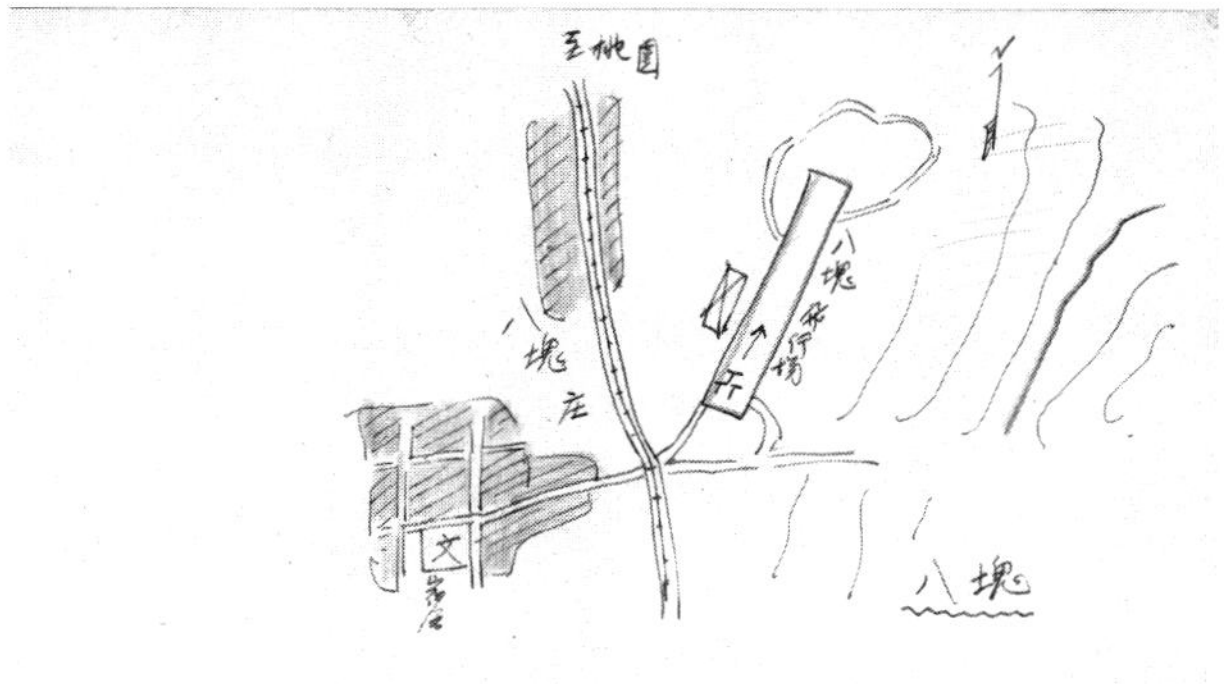

と号31飛行隊（武揚隊）の航跡、地図（『山本薫君の御霊前に捧ぐ』より）

見として送り返したかったかもしれない。

（菱沼俊雄「飛行第一〇八戦隊激闘記」『壮烈「重爆戦隊」炎の空に生きる』光人社・一九九一年）

山本隊長は、出撃に当たって自分が所持していた名刀「肥前忠吉」を菱沼氏に譲ろうとしたが、彼は断った。母堂は名刀を苦労して手に入れたことを菱沼氏に語った。彼は彼で、「山本君は忠吉を私にくれようとしたのです」と仏前で語り合ったようだ。しかし、隊長は、松本から実家に宛てた手紙で、「私は軍刀を二本持つてゐましたが最愛の軍刀は（肥前忠吉）家に送りました。」と書いている。この名刀の行方が気になる、山本家に問い合わせたところ、「実際には、刀は自宅には届いておりません。母親があちこち探し回って、やっと用意した刀ですし、薫の分身のように思いますのでとても残念です」という返事。その母というのは山本アサノさん、昭和四十九（一九七四）年に七十四歳で亡くなられたとのことだ。

菱沼氏は昭和二十五年四月と五月の二ヵ月間同期生や戦友の遺族訪問をした。「小松島の山本君宅にも一泊御厄介となり、母堂や令妹に山本君最后の事情をお話しました」（山本家蔵の葉書）。このときに彼は自身の手記「山本薫君の霊前に捧ぐ」を手渡した。僚友の死を悼む追悼文である。B5版ノビ、特大サイズの用紙十九枚を使って文字がびっしりと埋められている。最終ページに収められたゆかりの地の地図は色鉛筆で丁寧に描かれている。

私が長い間知りたいと思っていた「と号第三十一飛行隊」航跡が詳細に描かれている。一枚で図示されている。まずは松本を発つ。次の各務原は予想通りだ。ここから新田原へ向かったものと思っていたが四国松山に印がある。陸軍松山飛行場なのだろう。調べると松山西飛行場というのがあって、地元では久米飛行場と呼ばれていたらしい。秘匿《ひとく》飛行場でその歴史はよくわからないが、昭和二十年三月には使用できたようだ。

この手記には新田原到着日の記述がある。菱沼大尉が四月二日に新田原に着くと「山本君が来ておられた」とある。武揚隊は、各務原を発っていったん熊本に降り、そこから当地に来たようだ。推理では三月三十日に松本を発ったとした。通例、各務原では航空兵站宿舎に泊まる。一泊すると出は三十一日、九州入りは三十一日かあるいは一日だ、まずは健軍飛行場に着いた。そして翌二日には新田原に着いたらしい。ここでの泊りはやはり八紘荘である。

既にここには武剋隊後半隊が着いていた。翌三日には出撃する。出撃前夜だ。満州平台の第二十三教育隊では皆一緒だった。旧交を温めたのではないだろうか。このときに武剋隊の時枝宏軍曹と武揚隊の五来末義軍曹は語りあった。

「浅間温泉千代の湯にいる鉛筆部隊の諸君に『元気で行った』と言づてをしてくれないか」

「ああ、いいですよ。一緒になって遊んでいたのはよく知っていますから」

五来軍曹は笑って答えた。そして、翌三日十五時三十分、彼らの乗機はエンジンをごうごうと鳴らして飛び去った。武揚隊隊員は懸命に手を振って見送った。薄暮の海の向こうに機影が消えていくまで……。

（1）十四機新田原離陸

＊注　武揚隊機は新田原を出発し台湾へ向かう。この間に機の故障、また事故に遭遇し、機は次々に失われる。そ

の数について菱沼氏は「記憶が不正確だ」と言われる。確かに彼の記録には混乱がみられる。このため機の増減について順次慎重に記録する。

武揚隊一行は、四月四日は宮崎神宮に参拝し、その次の日の五日に新田原を発った。陣容は十六機である。まず戦闘機（キ五十一）・九九式襲撃機十四機、次に輸送機二機だ、その一機は、一式双発練習機丙型（キ五四丙型）だ。師団の命令によって台湾まで武揚隊を誘導していく機だ。これを一〇八戦隊の菱沼俊雄中尉が操縦していた。もう一機は（キ五十四）、一式双発高等練習機、整備兵を運ぶためのものだ。

編隊群は飛行場を飛び立ち、「故国の山河を後にした。その日、九州上空は、よく晴れて、霧島、阿蘇の姿も美しく」（『56期が―』）見えた。その山々を目に刻み人吉上空を過ぎて海上に出、長崎を右窓に見て、そして五島列島を縦断していった。

台湾までの遠距離飛行は困難が伴う、中古機にムチ打っての飛行である。いつエンジンが故障を起こすかわからない。遠距離飛行では操縦の腕が問われる。そこも心配だ。実際新田原から飛ぶに当たって飯沼機が不調である。彼は少年飛行学校出だ。操縦練度にも不安があることから一〇八戦隊の鈴木中尉が代わって機を運んだ。出力が出きらないのかこの機は遅れた。それで編隊群は済州島に着陸して当地で一泊する。

（2）二機済州島に、一機不時着、十一機上海大場鎮飛行場着陸

翌六日、一機が不調でこれは島に残し、十三機で飛び立つと一機がまた不具合から海上に不時着した。

通りかかった海防艦が乗員を救出した。これで十二機となるはずだが、菱沼氏は十一機が大場鎮にたどり着いたという。彼は、「整備のため2機を残し、11機のキ51が済州島を発った」(『56期が―』)とも書いている。記憶に混乱があるようだ。

このとき海上に不時着をしたのは吉原機だ。この事故で彼は長谷部良平と同じように第八飛行師団から第六飛行師団に転属となった。そして第三十一振武隊に籍を置いたが再度出撃することはなかった。

四月六日、残る十一機は上海大場鎮飛行場に着陸した。が、安閑としていられない。翌七日、少しでも台湾に近づきたいということで上海の西南にある杭州飛行場に移動した。若い飛行士が多いことから海を渡るには不安があった。使い古した機もだいぶ傷んでいる。少しでも飛ぶ距離が短くなればとの思いがあった。隊長は虎の子の戦闘機を既に三機失っている。これ以上の欠機は出したくない。それでもまた不調機が出た。当初から不具合が続いていた飯沼伍長機である。とりあえず可動はする、もう一機も失いたくないということで隊長は機を取りに大場鎮に戻った。そしてなんとか十一機をそろえたが、決して万全ではない。

当地杭州で全機をきっちりと整備して台湾へ向かいたいと思った。風光明媚な西湖のホテルでは英気も養える。が、隊長は気も休まらなかったであろう。そんなときに飛行場の大隊長から「早くここを去れ」との横やりが入った。やむを得ず隊長は決断した。武揚隊はいよいよ最後の難関、台湾海峡を渡って台湾に向かう。

（3）最大の不運　三機墜落、三機不時着

この経過については、今まで発行された公的資料の中では『明治学院百年史』が唯一のものだった。長谷川信は明治学院出身である。ゆえに『百年史』は、第六章「学徒出陣と明治学院」の第一章でかなりのページを割いて彼のことを記している。武揚隊の生き残りにも取材して記事をまとめている。まず四月十一日の台湾に向けた出発についてだ。

四月十一日夕刻まず力石少尉を含む第一陣四機が杭州を飛び立ち、無事台湾に到着した。信は第二陣に残されていた。山本隊長以下、信も含めて九機の第二陣は、翌十二日午前五時に出発する予定で準備を進めていた。

菱沼手記とはだいぶ違う。まず全機の数だ。足し算すると十三機となる。菱沼手記では十一機である。事実は何機か？

四月十一日は、全機が大勢の見送りを受けて出発した。いったん飛び立ったところで二機が離陸できないことを知った山本隊長は誘導機に合図をして引き返すように指示した。ところがこれに気づかないで先に発った第一編隊の高畑少尉を長とする三機はそのまま台湾に向かった。これは幸運なことに無事に着いている。『百年史』は力石少尉を含む四機とするが、通常、編隊は三機である。菱沼手記は杭州に残された隊員に力石少尉を挙げている。

これらのことから手記の方が正確である。杭州で遅れを取った二機はやはりエンジンなどに問題があったようだ。一番大きな問題は交換部品がなかったことだ。「発動機のパッキングも紙を使う有様で、油漏れが多く故障が続出していた」（『56期が―』）と。それで誘導機も含めた全機は杭州で再度調整、点検をし体勢を整えて出発するはずだった。しかし、第八飛行師団からの督促があって、翌十二日の払暁に出発することにした。

ところが不運は続く、出発時に誘導機と隊長機とが接触事故を起こしてしまった。そのあおりを食って他の二機も動けなくなってしまった。それで隊長は二番機に乗り換えて出発することにした。

結局、五十嵐少尉、力石少尉、藤井少尉はここに残され、後に輸送機で台湾に遅れて着くことになるが、戦闘機九機のうち三機が飛行場での接触事故で使えなくなった。それで残った六機で台湾に向かったが、このとき誘導機はいない。ベテランの先導が問われるが、頼みの綱となる羅針盤に誤差が生じたらしい。台湾北部を目指したのに航路はやや東に逸れたようだ。与那国島辺りに来たところで敵の艦載機と遭遇した。交戦などは予期していなかったのではなかろうか。たちまちにグラマン戦闘機の餌食となって三機が墜落した。記録では「台湾へ前進中、与那国島で交戦戦死」となっている。

残った三機もほうほうのていで逃げた。このとき敵に遭遇した中村欣男少尉は敵機銃弾で「右肩をうちぬかれ、左腕に盲貫、顔面に破片による裂傷を負」った。その彼は中村メモとしてその時のことを記録している。台湾の北端で敵機グラマン二十機に遭遇したときの様子だ。

そこで隊長はすばやく編成をとき戦闘準備にかかるよう命令する。私たちの機が高度をとるために分散すると同時に、グラマンは攻撃に転じた。私たちは高度をとる余裕もなかったので、二〇〇〇メートルの高度で応戦、第一回目の攻撃では三機が火を吹いて海上に突っ込んで行った。第二回目の攻撃では私たちの機は高度を保ち攻撃に転じたが、約三倍の敵機と交戦するにはあまりにも劣勢であった。瞬く間に二機が、そしてまた一機と、遂に残るは三機となった。

（『明治学院百年史』）

第一回目の攻撃で長谷川信少尉、西尾勇助軍曹、海老根重信伍長の三機が撃ち落とされた。この記述では応戦したとあるが、爆装改修で「火器等は取りはずし」ていなかったか？

残ったのは三機、隊長機、中村機、そしてもう一機、これは誰だったろうか。考えられるのは三人、五来軍曹、柄澤伍長、飯沼伍長である。このいずれかの一人だ。敵と遭遇した三機はなんとかこれから逃れ、「低空飛行で与那国島に向かい不時着した」（中村メモ）ようだ。

（4）武揚隊台湾渡海作戦の結末

機体と人員とに分けて整理する必要がある。

まず、機数だが、四月十一日杭州を飛び立った三機は台湾桃園飛行場に無事着いた。次に四月十一日、六機が海を渡ろうとして三機が撃墜され、三機が不時着をした。結果として台湾に渡ったのはたった三機だった。

次に兵員だが、まず先発隊の三名は乗機で渡った。次の六機は三名が犠牲になり、三名が助かって台湾に渡った。杭州での事故で機を失った三名は輸送機で台湾に運ばれた。

単純計算すると十二名が杭州から台湾に渡ろうとして九名がなんとか台湾に着いた。

以上からすると杭州では十二機があったということになる。菱沼氏は上海大場鎮への着陸機は十一機としたが、単純計算すると十二機となる。一つの可能性だが、済州島に残した一機が遅れて着いたのではないだろうか、だとすればつじつまは合う。

（五）台湾からの手紙

台湾海峡を六機で渡ろうとして敵機に遭遇した件だが、山本富繁さんからこんな話を聞いた。

「今から二十年も前のことになりますが、一人の年配の男がやってきて『ここは山本先生のお宅ですか』と聞いてきました、『はい』と答えると、『私の知り合いが、石垣島上空で敵艦載機と交戦中に山本先生の息子さんが眼の前で機銃掃射を受けて被弾した、と語っていた。あのときに戦死されたのですか？』と。通りすがりの人がそう言われたのですよ。もっと詳しく話を聞いておけばよかったと思うのですが、その人はもうそれっきりになってしまいましてね……」

山本薫中尉のお父さんは教師だったことから、教え子の一人ではないかと推測はできたがそれ以上は調べようもなかったと富繁さんは言われた。

その隊長機を含む残り三機はやはり与那国島付近の海上に不時着をした。島人に助けられて石垣島に送られた。負傷した中村少尉はここの病院に入院し、隊長ともう一人は一週間滞在した後、大発動艇に乗って台湾に着いた。

杭州から台湾への渡海作戦では甚大な被害を被った。隊員十二名のうち、三名が敵機に撃墜され亡くなった。一人は重傷を負った。十二機の戦闘機も事故や戦闘で九機もが失われた。なんとか台湾に上陸できたのは八名である。被害甚大だ、隊長の落胆は大きかったろうと思う。

このときの心境を四国小松島の母宛の手紙に書いている。四月二十七日のことだ。

拝啓

永らく御無沙汰致しました。相変らず元気一杯此の世の空気を吸うてゐますから御安心下さい。先日は敵の戦斗機に出会ひひどい目に遭ひもうこの世とお別れかと思ひましたが、生来の斗志むらむらと湧き起こり危く敵を駆逐致しました。

台湾と言ふ所は暑くて困るやうに思ひますが今我々の居る北部台湾では全く涼しく丁度五月の終か六月の始めのやうで田には稲が植えたばかり、蛍も飛んでおりますし蛙も実に美しい聲をあげてないてゐます。

今此の筆を取りつつ実に蛙の聲が美しく鳴いてゐます。気候も頃合いよく全く居心地のよいところです。冬はまた日蔭にゆくととても寒いさうです。全く居心地よく又美味しい飯も食へるので大分太つたやうな気がします。又台湾には土着の民とした本島人と言ふのが居り系統は御承知のやうに支那の福建人の系統ですが、皇化あまねくちよつと見掛は内地人と殆ど変りませんが言葉に大分支那語の訛りがあるのですぐ分かりますが中には台湾語を忘れ日本語だけしか知らぬ本島人もあり皇恩の広大無辺なるに本当に有難く思ひました。我々は一身一家を誇る事なく今こそこの有難き大御代の弥栄のため身命を抛つて尽すべきを痛感致しました。

連日特攻隊が何機も何機も沖縄目指して出撃し大なる戦果をあげてゐます。正に全軍特攻とは此の事でせう。全く頭の下るやうな気持ちです。我々の出撃ももう間近い事でせう。先日戦死した部下の可愛い奴の弔い合戦に部下の分迄米鬼を地獄の道案内としてやらなければなりません。母上様にも長々御世話になり孝行を尽せませんでしたが、不孝の罪をお許し下さい。薫の肉体は亡んでも魂は決して滅びません。どうか御健康で末永く芙祥子や裕康を見守つて下さい。

台湾にも台北あたりでは今頃バナナはあまり（殆どと言つてよい位）ありません。全台湾と言ふ所は面白いところですが、もう内地と様子は殆ど変りありません。

芙祥子は女学校に入学できましたか。毎日毎日よく空襲がやつて来ます。先日石垣島でおつたときなんかグラマン戦斗機が来てドンドンバリバリ爆弾を落としたり機銃を撃ったりしましたが、壕に入るのも面倒なので頭の上でドンドンバリバリやつてゐる中を悠々と昼寝をしてゐました。空襲なんかあまり怖がらぬやうにして下さい。ではここで失礼します。

御元気で裕康にも宜しく伝へておいて下さい。

四月二十七日夜　　　　薫より

母上様　膝下

台湾八塊飛行場から出したものと思われる。用紙はいわゆるわら半紙である。その表と裏とに書かれている。

隊長は部下の多くを失い手ひどい痛手を負った。精神的にも滅入っていたろう。しかし手紙は母親宛のものだ。九死に一生を得て今台湾にあることは書かない。これ以上心配させまいとする配慮がうかがえる。それでも部下の三人を敵にやられた悔しさは格別のものだ。復讐の執念に燃えている。今度巡ってくる出撃は「弔い合戦」で何が何でも敵をやっつけたいと願っていた。

（六）山本薫中尉の特攻出撃

武揚隊が出撃した飛行場は陸軍八塊飛行場だ。台湾北部、現在の桃園市北部にあった。ここから沖縄に出撃して特攻戦死したのは三十二名。だが、これは特攻戦死が確認された数であって、飯沼芳雄伍長のように戦果確認ができなかった場合は数に入ってはいない。

菱沼手記によると彼ら隊員は当地の小学校に寄宿していたという。暇ができると学校のオルガンを弾いたり、子どもたちと遊んだりしたという。

浅間温泉でのことが思い起こされる。爆装改修に手間取り四十日あまりも長居してしまった。この間、彼ら武揚隊員は、疎開学童たちと思いがけずふれ合うことになった。つきあいが長かった分、別れも辛い。壮行会では思いっきり彼女らを恋い慕う歌をうたった。もう子どもたちと会うこともないだろうと思っていたら、台湾では現地の子に出会った。都会から来た疎開学童は色が白かった。ここでは色が黒い、くりくりとした目が愛らしい。特攻隊員にとって子どもは命の輝きを持っている。死にゆく彼らにはよけいにいとおしい。それゆえにともにいる時間が楽しい。駆けたり、追っかけたり、ときには歌もうたったり、このように多くの子どもに出会った特攻隊員は他に類例がないのではなかろうか。

しかし、時は巡ってきた。三月末にようやく松本を飛び立ち、四月の半ばになって出撃飛行場にたどり着いた。さんざん待った挙げ句の出番だ。山本隊長は、「今こそこの有難き大御代の弥栄のため身命を抛つて尽くすべきを痛感」したという。なおそれでも出撃には時間がかかった。理由は簡単だ。乗機がなかった。松本から持ってきた自前の機はたった三機しかない。隊員は八名いる。後五機の手当はなかなかつかなかった。

五月十七日に武揚隊は第二次出撃している。菱沼手記には、このとき高畑機の偵察員席に同乗して特攻出撃した者がいたことを記録している。一〇八戦隊の宮崎義次伍長である。個々の特攻兵の思いはある。「一機一艦」、操縦士一人で空母一隻を沈めるのが願いだった。同乗出撃はやむにやまれない方法だったのだろう。菱沼氏は、従者であっても特攻に行ったことに変わりはないと、その出撃した十九歳を思いやっている。彼は無線通信の任務を立派に果たし、「我敵空母に突入す」と打電して散ったと。哀れを催す。

第八航空師団では、特攻で最後の無線を入れるときにあらかじめ符丁を決めていた。いわゆるコールサインである。八塊は「やまがた、はるな、みかつき」だそうだ。このいずれかを使うことになっていた。伍長はどれを使ったのだろうか？

武揚隊隊員は、残存機を共用して訓練を行った、その間、戦闘機の調達に隊長は駆けずり回ったのだろ

誠作命甲第三百二十五號
誠部隊命令　五月十三日〇八三〇　臺北
一、球兵團前面ノ敵ハ殆ント其ノ全力ヲ展開セルモノヽ如ク沖縄周邊敵艦艇ノ動キ亦極メテ活潑ナリ
二、部隊ハ本十三日薄暮有力ナル特攻兵力ヲ以テ沖縄周邊ノ敵艦艇ヲ攻撃セントス
三、誠第三十六戦隊ハ本十三日薄暮ヲ期シ誠作命甲第三百九號第三項ノ攻撃ヲ決行スヘシ
四、誠第三十一飛行隊ハ本十三日出動可能ノ全力ヲ以テ一九二〇乃至一九四〇ノ間ニ沖縄周邊ノ敵艦艇ヲ索メテ攻撃スヘシ
本攻撃間誘導及戦果確認ノ為獨立飛行第四十九中隊ノ軍偵一機ヲ配屬ス
五、獨立飛行第四十九中隊長ハ前項攻撃間軍偵一機ヲ誠第三十一飛行隊長ノ指揮下ニ入ラシムヘシ
六、飛行第二十戦隊ハ約二ケ小隊ヲ以テ沖縄上空ヲ制シ誠第三十一飛行隊ノ出動準備及[illegible]空中集合ヲ掩護スヘシ
制空時間制空要領等ノ細部ニ關シテハ[illegible]協定スヘシ
誠部隊長　山本健兒
下達法　要旨電話後印刷交付
配布區分　[illegible]

誠部隊長　山本健兒による命令書

う。ようやく二機が補充されて出撃へと至ったものだろう。そしていよいよ当日は巡ってきた。「出撃せよ」との命令が「誠部隊長　山本健兒」の名で下された。

誠作命甲第三百二十五號
誠部隊命令　五月十三日〇八三〇　臺　北

項目は六項目あるが、第三十一飛行隊に対する命令は以下だ。

四、誠第三十一飛行隊ハ本十三日出動可能ハ全力ヲ以テ一九二〇乃至一九四〇ノ間ニ沖縄周辺ノ敵艦艇ヲ索メテ攻撃スベシ
本攻撃間誘導及戦果確認ノ為獨立飛行第四十九中隊ノ軍偵一機ヲ配属ス

五月十三日、可動機全機、五機が出撃することになった。発進時刻は十六時三十分、いわゆる薄暮出撃だ。突入機か

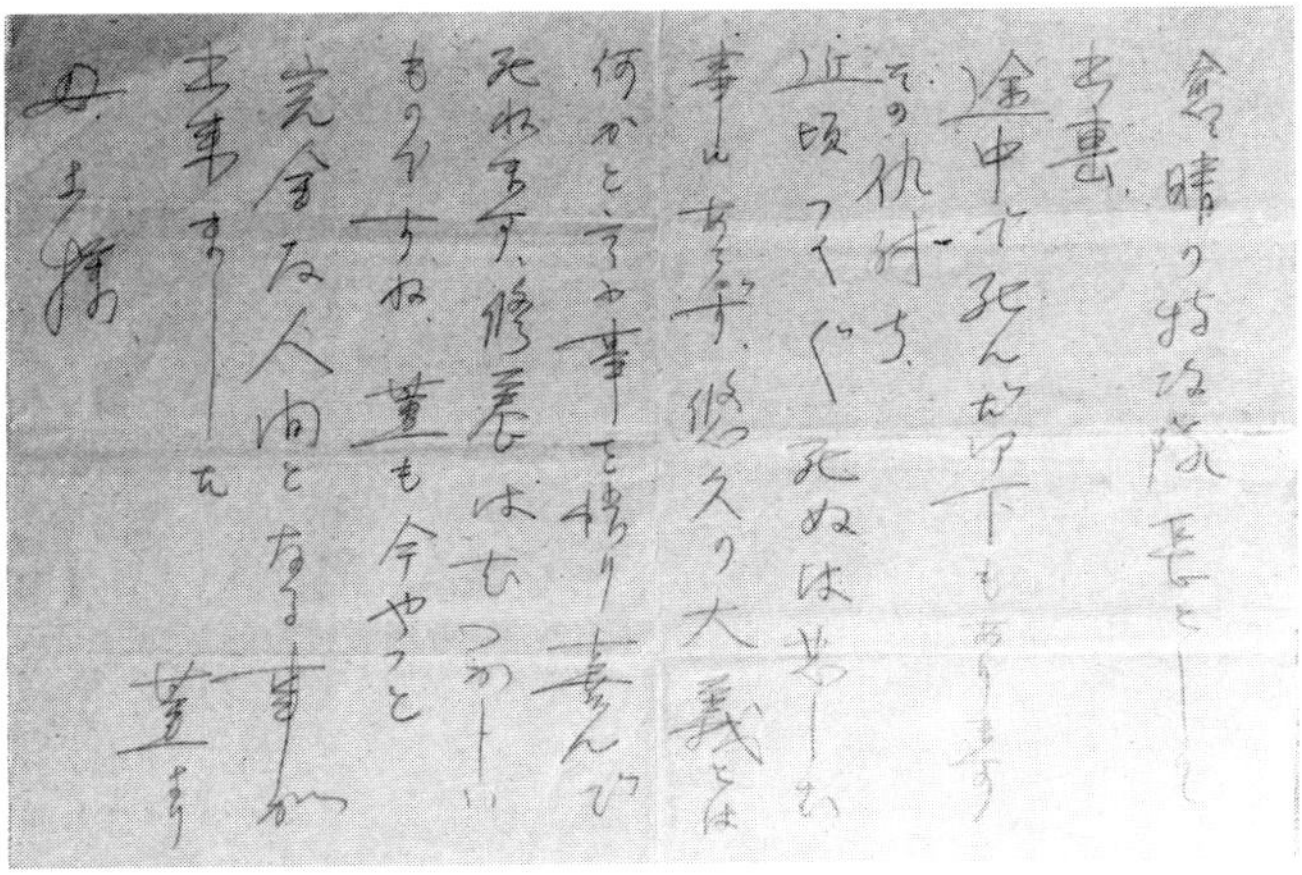

山本薫中尉の遺書（母宛）

らは敵艦船が見え、敵からは見えにくい、最適な時間であった。このときに一機が付いた。誘導機であり戦果確認機でもある。機種は軍偵、すなわち特攻機と同じキ五一・九九式襲撃機だ。ところが、この機も「遂に還らなかった」という。戦果確認としての「火柱六本」は沖縄の地上部隊である「球部隊」が行ったようだ。

この出撃の日、知らせを聞いた菱沼氏は桃園から八塊へ駆けつけた。宿舎では隊長は何かを書いている。聞くと、「ちょっと手紙を書いて居るところだ」という。それはわら半紙だ。これに遺書を記していた。それがそっくりそのまま残っていて私に資料として山本富繁さんが届けてくれた。大きな字で大胆に書かれている。鉛筆を使ったようだ。

これは封書で母親アサノ宛に送られている。消印は五月二十五日だ。発信者は「台湾新竹州桃園郡八塊国民学校にて山本薫」とある。

愈々　晴の特攻隊長として出撃
途中で死んだ部下もあります

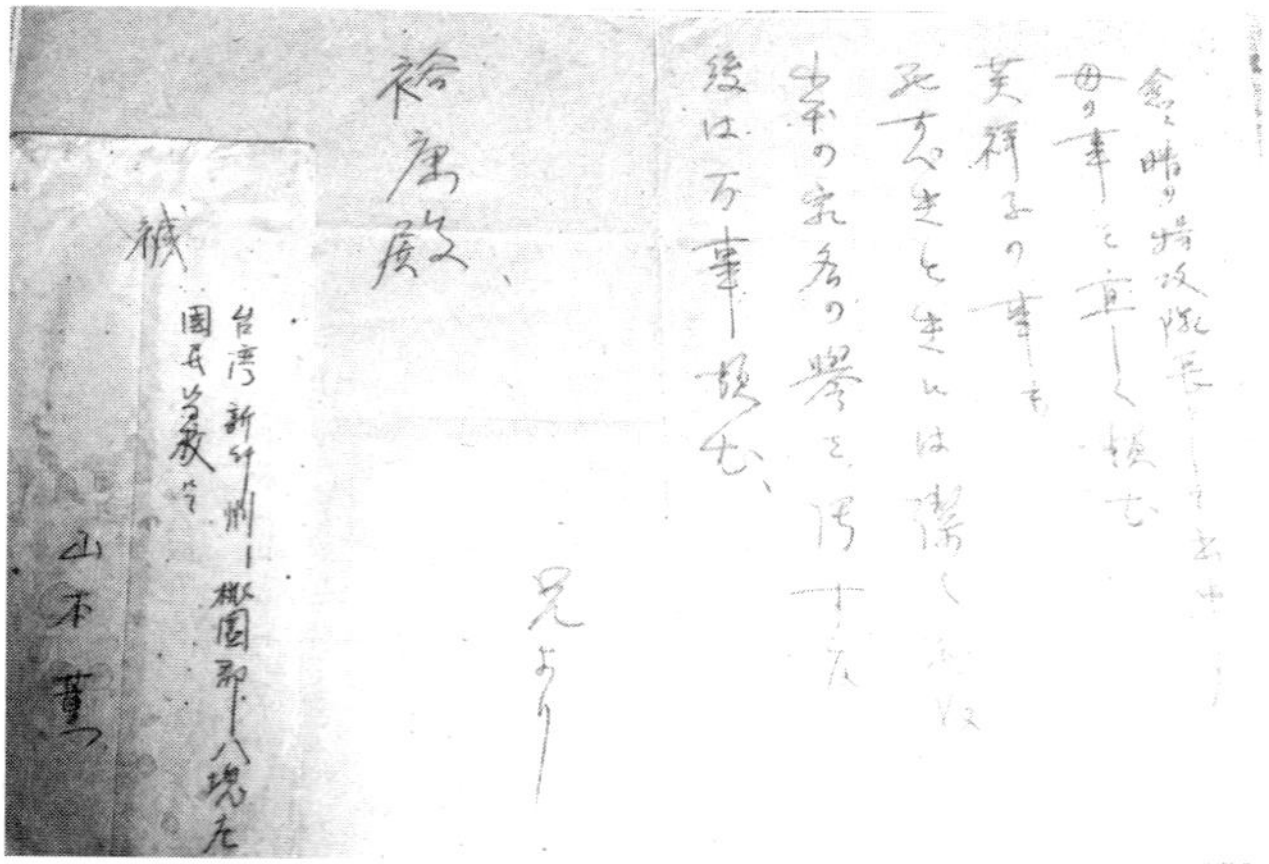
愈々晴の特攻隊長として出撃す
母の事を宜しく頼む
芙祥子の事も
死すべきときには潔く死ね
山本の家名の誉れを汚すな
後は万事頼む
兄より
裕康殿

山本薫中尉の遺書（裕康宛）

その仇討ち、
近頃、つくづく死ぬは悲しむ事にあらず、
悠久の大儀とは何かと言ふ事を悟り
喜んで死ねます
修養はむつかしいものですね
薫も今やっと完全な人間となる事ができました
薫より

母上様

愈々晴の特攻隊長として出撃す
母の事を宜しく頼む
芙祥子の事も
死すべきときには潔く死ね
山本の家名の誉れを汚すな
後は万事頼む
兄より

裕康殿

満州新京で他の三隊とともに二月十日武揚隊は発足した。が、他隊は既に出撃している、三ヵ月あまり待った挙げ句にようやく出撃の命令が下った。この間、苦難苦闘の連続だった。台湾に前進途中に敵と遭遇し三機が撃ち落とされた。また、被弾・事故・故障によって機の大半を失ってしまった。そうした挙げ句の出撃、「晴の特攻隊長」というのは率直な思いの吐露である。なんとしてでも出撃して部下の仇《かたき》を討ちたい。

「薫の肉体は亡んでも魂は決して滅びません」と母には度々言ってきた。息子の死を悲しむなかれ。自分は「悠久の大義」に死ぬ、命は果てても魂は生き続けると述べる。が、修養して悟ることは難しかったと本音をほろりと漏らした。それでもやっと「完全な人間」になれた。死にゆく隊長の悟りでもあり、覚悟でもある。弟の裕康には山本家の家名の存続を訴えている、山本家があってこそ魂が生きながらえられると考えていたのだろう。確かに私は、裕康さんの息子さんから隊長の資料を得ていた。血統が伝わってこそ逸話も歴史も生きるものである。

出撃最後の場面が菱沼手記には鮮やかに描かれる。彼はこうも記している。

　飛行服に武揚隊と墨書きした、白い布片をつけた緋色の落下傘縛帯を締めて、飛行帽の上から、目に沁みるような真紅の日の丸の手拭を、キリッと巻いた隊員の姿は、実にわが日の本の若武者の精華とも見えた。

（『56期が―』）

当日出発前、愛機の垂直尾翼に「必沈」と書き入れる山本隊長の姿が写真として残っている。確かに日の丸鉢巻きを締めている。これとイメージが重なる。

出発は最後の晴れ舞台だ、「集合！」の号令がかかる。ピスト（指揮所）天幕の前に五人は集まる。間をおかず、参謀長に向かって山本薫隊長が出撃の申告をする。


武揚隊山本中尉以下五名、これより各機に搭乗し、ただ今より出発します。沖縄周辺の敵艦船を索敵し攻撃いたします！


力強く告げて挙手をする。山本薫の気合いに満ちた敬礼もこれが最後だ、大きく体を揺すってかっちりと腕を曲げ、手を一瞬止めた。時間が止まった。さっと腕を下ろす、手が縛帯に触れてぽんと小気味よい音を立てる。気合いの入った見事な敬礼だった。

「ご成功を祈る」

参謀長が敬礼を返す。

一連の儀式が終わると隊員は機に乗り込んだ。八塊在住の日本人、現地人、そして寝泊まりしていた八塊国民学校の教員や学童も見送りに来ていて日の丸を打ち振る。

この見送りには「行をともにして来た整備班の村上少尉以下も」来ていた。満州新京を出発以来、機体の整備に奮闘していたのは彼らだ。中古機ゆえに故障が多く修理に手間も暇もかかった。しかし、手を掛けた分愛情が湧いた。思いは特攻兵以上にもあった。できれば愛機に同乗して突っ込みたい。機を送る整備員の目には涙があふれている。

各機に搭乗した隊員はひとしきりエンジンを吹かすと、手を左右に振った。係員が各機へ走って車止めを外し、離れるとすぐに機体が動き始める。出発線でいったん機は停まった。編隊長が操縦席から後ろを振り返る。よしと指さし確認し、前を向きざまこちらに笑顔を送る。そして、右手を高く挙げて、前に振った。「出発！」の合図だ。エンジンは轟々と高鳴り、各機はずんずんと地を滑っていく。そして滑走路を矢のように走っていき、ひらりと浮いて空に舞う。たちまち上昇すると隊長機を先頭に大きく旋回し、編隊を整えるとすぐさま東北方向の空に消えた。

五月十三日五機が出動した。山本薫中尉、五十嵐栄少尉、柄澤甲子夫伍長の三機は沖縄西方海上の敵艦船に突撃し、特攻戦死している。

このときのことで誤った情報が世に流布している。戦死者の名誉に関わることなので敢えて触れておく。山本隊長機に「同乗者　陸軍少尉五十嵐栄（山形県）」がいたとするものだ。山本家によると特攻出撃時の様子を母のアサノさんが求められて書類に記入した。その時に指定された欄に収まらず「同乗者」のところまで記述がはみ出た。これが誤情報の元になっているのではないかと。山本薫中尉は菱沼手記にあるとおり単機で出撃している。これは五十嵐栄少尉も同じである。

この日出動した五来末義軍曹機と高畑保雄少尉機は故障して引き返してきた。また手記では「誘導機は遂に還りませんでした」と述べる。先に「誠部隊命令」を引用したが、「獨立飛行第四十九中隊長」が操縦する軍偵は山本薫中尉の指揮下に入っていた。菱沼氏が言うように「誘導、戦果確認機は特攻隊と行動をともに致しますので未帰還になる方が多い」と。特攻機の裏方はひっそりと死んでいく。名前は記録されることなく、すっと人生舞台からも消え失せる。

五月十三日に続いて、四日後の五月十七日にやはり八塊飛行場から三機が出撃している。第一陣で勇躍飛び立ったが機体が不調で二機が戻ってきた。再度出撃したのは五来軍曹、それと高畑少尉だ。このときも一機の不調機が出た。「力石少尉の如く最後まで出撃の度に、発動機の不調で引返した」とあることから力石機だとわかる。

この同じ日、八塊の南西、花蓮《かれん》港飛行場から誠第二十六飛行隊が沖縄特攻を敢行している。この誘導の任に当たった操縦士が克明な記録を残している。これを読んで虚を衝かれた場面がある。

特攻機の翼や胴体に描かれてあった日の丸さえも、軍命により完全に塗りつぶされてあった。国籍不明機である。~中略~目標突入前に米軍哨戒機群の餌食にならないよう考えたものかと思うが、軍首脳の自棄的な作戦と思われて情けなかった。

(『特攻』第七号 別冊「沖縄特攻」坂本 隆茂・特攻隊慰霊顕彰会・一九八九年)

日の丸を両翼に戴いた戦闘機が「キュウィ~ン」と音を立てて急降下、そして敵艦に突っ込んで花となって散るさまが思われる。これが『平家物語』の名場面、「屋島の戦い」と重なってくる。ここでは平氏方の軍船に掲げられた扇が弓の名手那須与一の矢によって「ひぃふっと」射貫かれる。すると日の丸を描いた扇は「しばしは虚空《こくう》にひらめきけるが、春風に一もみ二もみもまれて、海へさつとぞ散つたりける」、まさに華のように散る。日の丸を背負った戦闘機の散華は日本人の情緒を刺激するものだ。ところが、実際は戦闘機の日の丸は塗りつぶされていたという。国籍不明機だったとすれば詠嘆は湧いてこない。

誠二十六飛行隊同様誠三十一飛行隊も同じ師団の命によって出撃している。武揚隊機もまた日の丸をそぎ落として出撃していった。緒戦において「十機十艦を屠った」。武剋隊は衆目が見守る前で日の丸を翻して突撃した。それと比べるとなんとも哀れだ。

第二十六飛行隊の誘導に就いた飛行二十六戦隊の坂本隆茂少尉は、「隼」単機で誘導に就いた。参謀からは、「護衛戦闘機はつけない。敵戦闘機と遭遇した場合は空中衝突せよ」との指示を受けていた。が、誘導機は戦果確認機でもある。仲間の名誉のためにも「中型艦二隻に突入」の報告をせねばならない。敵機の砲弾を必死で潜り抜け、闇夜を飛行してようやく花蓮港に着陸した。この過程は圧巻だ。彼は生還して記録を残した。これによって埋もれていくはずの事実が今に残された。

菱沼俊雄中尉も特攻機誘導の任に就いている。多くの危難を潜り抜け生還した。そして手記が残された。私は武揚隊がたどった航跡もこれによって知ることとなった。全体像だけでなく細部も知ることとなった。武揚隊の歌があったこともわかった。この作詞・作曲者だが、格別に優れた才能を持つ高畑少尉、それと五十嵐少尉とが協力して作ったという。

ともに音楽的感性に優れていたようだ。この指摘を読んで直感したことだ。

「『浅間温泉望郷の歌』は彼ら二人が作った。作詞は高畑少尉だったのだろう」

歌詞の一つ一つを見ると言葉の感性がよく生きている。浅間因縁でいうと高山宝子さんの和綴じ帳もヒントを与えてくれる。今となっては宝の山だ。高畑少尉が浅間温泉で残した遺墨を改めて見てみる。こう書いてある。

以　武　揚　愛　国　武揚隊　高畑少尉

長谷部良平伍長は、知覧高女生に隊名を聞かれ、「武を揚げる隊です」と答えている。十八歳の少年の記憶は隊歌の片鱗ではないか。高畑少尉が書いた言葉は武揚隊の歌の一節だと思われる。その歌詞は、「武を揚げ以て　国を愛しむ　ああ　武揚隊」だ。

高山宝子さんのアルバムの謎をも菱沼手記が解き明かしもした。黒眼鏡を掛けて写っている一人が誰であるのかわからなかった。しかし五来軍曹は、「いつも黒い遮光眼鏡かけ」ていたとの記述から間違いなく彼であったと知った。この五来軍曹は知覧特攻平和会館所蔵の写真があったことから特定できた。しかし、武揚隊隊員は半数しか特攻戦死していない。それで記録写真との突き合わせができない。浅間温泉で撮った記念写真が多くあるが、その大半の名前が分からない。推測によって名を記している写真もある、武揚隊の全貌は分かったものの写真映像は明確になっていない。私にとってはこれが心残りである。

(七) 特攻という戦略の総括

武揚隊は八人のうち五人がまず特攻に出撃した。残されたのは三人だ。藤井清美少尉、力石文夫少尉、飯沼芳雄伍長である。この彼らはどうなったのだろうか?

第八航空師団傘下の特攻隊は五月二十四日に、誠第七十一飛行隊が六機出撃している。その後は六月六日に誠第三十三飛行隊が一機出ている。六月中の出撃はない。全体の作戦に変化があったようだ。『戦史叢書』はこのことを記録している。

いわゆる天号作戦、すなわち連合軍の沖縄方面侵攻に対し、航空機でもって打撃を与える作戦だ。第八航空師団はどうやらこれを断念したようだ。

『戦史叢書』は、「第八飛行師団の天号作戦戦訓」と見出しをつけ、その冒頭で次のように述べている。

第八飛行師団は六月中旬、沖縄作戦を中止するに当たって、作戦の失敗について反省するとともに爾後の作戦に資するため、七月三十一日、「天号航空作戦戦闘詳報」を作成したが、その中で「今次作戦ノ失敗ニ関スル反省ト将来ノ教訓」と題して次（要点抜粋）のとおり記述している。

それは手厳しい。まず「決戦思想（必勝の信念）ノ欠除」を指摘する。そして「長期ニ亘ル敗戦ハ総帥ノ墜落ヲ来シ不知不識ノ間戦術思想ハ敗戦防守的トナリ作戦ヲ消極退嬰ニ導キ」と自己批判を述べる。それは痛烈だ「特ニ沖縄ニ推進スル敵側航空戦力ノ認識不十分ノタメ作戦指導ニ遺憾ノ点アリ」と述べる。が、かてて加えて特攻による「奇襲強襲」をさらに手厳しく批判している。「『と』号部隊ノ攻撃ハ奇襲強襲攻撃ニ徹底セザルべカラザル」とこれを強く否定する。その理由を具体的に指摘している。四項目を挙げているが、後半の二つだ。

３、特攻機独力ヲ以テスル強襲ハ空中勤務者ノ技倆、特攻機ノ性能、重装備ノ関係上無謀デアル

4、多数機ノ侵攻ハ敵ノ電探又ハ監視網ニ補足サレ不利デアル

「教訓」の指摘は冷徹である。特攻機は単独で突撃する。個々の操縦者の操縦技術が一段と求められるものだ。ところが短期間で育てられた空中勤務者は練度が足りていない。特に年若い少年飛行兵は操縦技術が未熟である。九州から台湾への長途の機の回送にも無理があった。また使用されている特攻機は中古機で度々故障している。旅路が長ければ長いほど機の性能は落ちてくる。さらに特攻機には燃料、爆弾（五百キロ）と過重な装備を強いて「奇襲強襲」をさせているが、これはまさに無謀というほかはない。特攻攻撃に対する痛烈な批判である。その批判の矛先は九州新田原での作戦指揮にも向けられている。

昭和二十年三月末、第八飛行師団は中央から配属された特攻隊の運用の効率化を図った。それで本土などで爆装改修をしている誠隊を九州から直接、沖縄周辺の敵艦船攻撃をさせることにした。そのために参謀福澤大佐を九州新田原に派遣した。

福澤丈夫参謀は、自身の手記（『陸軍航空の鎮魂』航空奉賛会編・一九七八年所収「新田原方面8FDの沖縄特攻」）でこれを回想している。8FDは第八飛行師団のことである。

この手記には、彼自身の指揮の「総合評価」を書き記している。つまり、「4月1日~6日、私の指揮した3次攻撃の総合戦史は次のとおりである。出動機数30機、攻撃実施機数38機、有効攻撃機27機。成功率70%」だとする。

そして、新田原出撃の誠隊を指揮した福澤参謀は、手記を次のように結んでいる。

新田原飛行場の航空特攻隊員は全機出動し、ほとんど全機攻撃を実行して、成功率70％の戦果を収めたことは、当時の特攻隊員の戦果能力としては、驚異的なものであり、高く評価されるべきものである

一方、戦闘詳報の「教訓」では、「と号部隊ノ編成」で新田原出撃の特攻について触れている。

一攻撃隊編成ハ特攻機三乃至五機、誘導兼戦果確認機一機ヲ可トス　新田原カラ出撃シタ一隊は八～九機デ出撃ニ当リ混乱シ、空中集合ニモ多クノ時間ヲ要シタ

新田原出撃では、四月一日に誠第三十九飛行隊六機で、四月二日に誠第一一四飛行隊が八機で、四月三日に誠第三十二飛行隊（武剋隊）が六機で出撃している。教訓が述べていることは誘導したり、戦果確認をしたりできるのは三機から四機が限度だということだ。特攻機は敵艦船群へ飛び立つ。その反撃が猛烈である。そんな中で一機一機の行動を把握して記録して報告する。戦果確認ができなかった場合は特攻戦死とはならない。実際戦果が未確認のまま特攻戦死になったり、また一般戦死になったりしていたようだ。

もう一つ、「空中集合」だ、特攻戦記物を読んでいると「○○隊は○○上空で空中集合した」などという記述が出てくる。イメージとしてはかっこ良い。ところが目標物が何もないところでの空中集合はかなり困難があったらしい。

一つは操縦者が航法に長けていない。また雲があったりするとさらに難しくなる。作戦としての空中集合はよくないという指摘である。

『戦史叢書』では、「第八飛行師団の天号作戦戦訓」の要点が抜粋という形で載せられている。その内容は特攻作戦全体について手厳しい。思うのは飛行師団全体にこの考えが反省として行き渡っていたのだろうかということだ。

武揚隊の残存三名はどうしたろう? この戦訓からするともう特攻は断念したのではないかと思える。ところが実は違っていた。特攻突撃への機会をうかがって待っていたようだ。この辺りの詳細は記録がないのでほとんどわからない。

五月十七日に武揚隊第二次特攻が出撃して以降、残った三人は待機していたようだ。やはり八塊国民学校を宿舎として使っていたのだろう。

「ああ、覚えていますよ。小学校の六年の時でしたね。学校に泊まっていた兵隊さんも一人減り二人減りして五月頃にはあらかたいなくなりました。宿舎はガランとしていました。時々オルガンの音が聞こえてきました。寂しい曲を弾いておられましたね。時折、僕らが校庭で遊んでいるとやってきては追いかけっこしたり、ボール遊びしたりしました。ボールが転がって行ったときはいつも飯沼伍長さんが追っかけていきました。十九歳のお兄さんは藤井さんや力石さんよりもずっと若かったからです……」

浅間温泉に疎開していた学童たちは当時のことをよく覚えていた。八塊付近の古老を訪ねるともしかしてそんな話をしてくれるのではないかと思ったほどだ。だいぶ前に台湾に行ったことがあるが年配の人の多くは日本語が普通に話せた。

しかし、やはり思われるのは彼らの待機のことだ。どう意欲を保ったのだろうか。延々と出撃を待ち続けて、ようやくその機会が来た、七月十九日である。

（八）陸軍最終特攻

知覧特攻平和会館から得た「誠第31飛行隊（武揚隊）」資料には当隊の簡略な歴史が記録されている。第三次出撃については一行で記されている。

20年7月19日 16：30八塊を4機出撃。1機は基隆沿岸に墜落。一機（藤井清美少尉）那覇西方突入散華。

この典拠は『戦史叢書』であるようだ。第八飛行師団は航空機攻撃による沖縄作戦を中止していた。が、再び攻撃を始めた。これが陸軍の特攻作戦の最後となった。

第八飛行師団では牽制等の目的で七月十九日、特攻十二機で沖縄周辺の艦船を攻撃した。第九飛行団の攻撃隊は藤井清美少尉（誠第三十一飛行隊）ほか三機が一六三〇、八塊基地から出撃、藤井少尉ほか一機が突入し、一機は基隆海岸に墜落した。飛行第二百四戦隊特攻隊は十九日一七〇五花蓮港南から出撃し、織田保也少尉ほか三機が突入し、艦船不詳三隻を撃破したと報じた。

まず注目すべきは特攻の意義づけだ。これまでは敵を直撃して相手の戦力に打撃を与えるというものであった。ところが今回は敵を牽制するために出撃させていることだ。爆弾を抱いた戦闘機を十数機出撃させることで敵の自由な行動を抑える。つまりは一時しのぎだったと言える。これらのことが出撃する隊員にどれだけ理解されていたかはわからない。が、一人一人の命を賭しての出撃は最も効果的であることが望ましい。それが彼らの祈りや願いであったろう。しかし今回の牽制特攻は「奇襲強襲」は無謀だったとする戦訓に反する戦術だ。

第九飛行団というのは子細は不明である。が、この時期に台湾以南の戦域に残っていた使用可能飛行部隊を台湾に集結させた。これを第九飛行団の攻撃隊としたらしい。八塊飛行場からは誠第三十一飛行隊（武揚隊）と誠第七十一飛行隊の四機が出撃した。前者は藤井清美少尉、後者は中島尚一伍長である。この二人は、陸軍特別攻撃隊隊員名簿に載っている。残り二名の消息は不明である。「一機は基隆沿岸に墜落」したという。八塊から飛び立って沖縄に向かう航路に基隆は位置する。機の不調でここに墜落したのだろうか。

飯沼伍長と小学校で同級だったのは石川矩長さんだ。彼は終戦後に飯沼さんの葬式があり、それに参列されている。「特攻に出撃して途中で飛行機が落ちてしまったと聞いています」とのことだった。

特攻で戦死すれば記録に残るが、四機のうち二名は不明だ。武揚隊飯沼芳雄伍長は七月十九日に亡くなっている。力石文夫少尉が体調不良で代わって搭乗したとも聴いている。伍長が基隆沿岸で亡くなったのか、沖縄西方海上で亡くなったのかはわからない。

一方、花蓮港南から出撃した飛行二百四戦隊は、四名が名簿に載っている。機種は隼であったようだ。

第九飛行団の出撃機は全部で十二機だ。八塊からは四機、花蓮港からは四機、後者からは計算上もう四機出ているはずだ。が、戦果確認がなされなかった者は、特攻出撃名簿には載らない。

『戦史叢書』は、「沖縄・台湾・硫黄島方面 陸軍航空作戦」関係の記録を網羅している。いわゆる戦記物とされるものは戦争遂行的な観点に立って書かれるものが多い。しかし、この『戦史叢書』の編集者は冷徹だ。極力事実に基づいて書こうとしている筆遣いが見える。そこに感銘を受けた。

「特攻戦法と統帥」では次のように結んでいる。

本戦法の遂行には、重大な統帥上の問題があった。「生き神様」視された特攻隊員とその他一般将兵との間には心理的断絶が感じられ、その取り扱い、指導には、大きな苦悩が伴った。とりわけ、その攻撃発揮の決断は指揮官、幕僚に多大な精神的重圧を与えて、指揮統率を必要以上に慎重にさせ、統帥の柔軟性、特に戦機の把握を害する虞があった。更に戦果の確認が困難であり、その審査も厳重を欠く嫌いがあった。特攻戦法は、統帥全般に暗い影を落としていたのが実相である。明らかにそれは、統率の常道ではなかった。

特攻への鋭い批評だ。作戦は「統率の常道」から外れるものだとする。「いかに危険な任務を部下に与えようとも、生還の方法を講ずることが極めて重要とされていた。攻撃即死、死ななければ攻撃にならぬ特攻戦法は、この意味において極めて特殊だった」と述べる。この常道から外れた戦法が統帥上の問題を起こした。特攻兵を特殊化し、「生き神様」としたことで、一般将兵との間に大きな断絶が生じた。神格化した兵の扱いに神経を使うあまりに統率上の齟齬を生じさせる結果となった。これは特攻隊員にいうものではなく戦争指導者への批判である。

もう一つ、特攻攻撃時の戦果確認が困難だったこと。菱沼氏は「誘導、戦果確認機は特攻隊と行動をともに致しますので未帰還になる方が多いのです」と述べ、また、武揚隊第二陣が出撃した同じ日、五月十七日に台湾から沖縄へ向かった誘導機の操縦士、坂本隆茂氏は「この頃の誘導機は九分九厘帰還していなかった」（『沖縄特攻』）と証言する。当初、余裕があった頃は、直掩機、誘導機、戦果確認機と区別する言葉があった。「沖縄作戦初期の頃は、相次いで多数の特攻機を進発させ、護衛戦闘機が上空を掩護していったが、米軍の物量には如何ともしがたく護衛部隊の大半は常に帰って来なかった」（『沖縄特攻』）と。その坂本隆茂機は、戦闘機「隼」一機で、直掩、戦果確認、誘導の全てを担当していた。が、敵の砲撃が凄まじく「完全に戦果を確認し得なかったことを英霊に詫び、その冥福を祈りながら、割り切れぬ気持ちで徐に機首を西に向けた」（『沖縄特攻』）と述べている。これが実情だったろう。

ところが、陸軍の沖縄特攻は、きっかり一〇三六柱と言われる。戦果確認での実数だ。この数字については正確性を欠き、また検証も不十分だったと言える。しかし、柱にカウントされた者は国家に尽くした者として記録される。遺影や遺書などが手厚く保存されている。それ以外の準特攻戦死者は、柱に数えられることもなく、また記録すらも危うい。一〇三六柱に数えられない特攻兵は浮かばれない。陸軍最終特攻に出撃した武揚隊の飯沼芳雄伍長の記録もない。

「兄はかわいそうです……」

妹の節子さんは別れ際にぽつりとそう言われた。その言葉が今も印象に残っている。

終　章　鹿児島知覧への旅

（一）鉛筆部隊の二人

東京下北沢は小田急線と井の頭線が交差した街だ。そのクロスした形を作家の清水博子は「ひしゃげた座標軸」（『街の座標』）と形容した。街の基盤となった鉄道の線形を見事に捉えている。そのいびつな場には多様な文化が集ってきていた。文学や音楽、演劇などだ。ゆがんだ場には価値が吹き溜まる。詩人の吉増剛造もこの街に魅せられた一人だ。「ああ　下北沢裂くべし、下北沢不吉、日常久しく恐怖が芽生える、なぜ下北沢、なぜ」（『黄金詩編』）と謳う。

当地は、詩人の萩原朔太郎がふらふらと歩いていた街だ。そんなことから吉増は、「下北沢には至る所に次元の穴が空いている」という。あっちにもこっちも情報の穴が開いていている。そんな穴の一つに首を突っ込むと、とんでもないところに行ってしまう。

前にも述べたが、私は十数年来、下北沢の歴史を調べている。この過程で偶然に、特攻隊の話に行き着いた。これも次元の穴の一つだったかもしれない。入り込むと抜けられない。これを題材にして三冊の長編を書いた。が、次元の穴の吸引力は強い。序論、本論、結論の三段構成でも終わらない。とうとう起承転結の四段構成まで必要とするに至った。

これらを書いてきて、ずっと引っかかっていることがあった。特攻隊の話を取材するために各地を訪れた。長野には数え切れないほど行った。その他、福島、群馬、茨城、福岡、宮崎も訪ねた。ところが行っていないところがある。それは特攻基地最前線の鹿児島知覧である。

特攻に関する多くの本が出ている。大概が知覧のことに触れている。やはり「知覧を見ずして特攻を語ることなかれ」というのはある。しかし意図して行かなかった。

「何かとても怖いのですよ……」

訪れる機会は何度かあったが、こう答えてパスしてきた。

知覧に行った人に聞くと飾ってある遺影に圧倒されるという。それを聞いただけで恐ろしくなる。まさに特攻本山である。末端はあちこち訪ねてきた。いわば末社だ。そういう場においてさえちらちらと彼らの影が感じられた。本山ともなれば霊魂がひしめいていて、たちまち取り憑かれてしまうのではないか。

しかし、遠ざけていても運命は巡ってくる。ついにその機会が訪れた。これも因縁だ。取材がきっかけとなって知り合った人は大勢いる。中でも矢花克己さんと田中幸子さんの二人は、とりわけ縁が深い。

フジテレビの番組に『奇跡体験！　アンビリバボー』というのがある。二〇一五年の戦後七十年の企画で、「悲しき戦争の記録　鉛筆で戦った子どもたち」という番組が放映された。この冒頭に出てくるのが矢花克己さんだ。彼は私に言った。

「俳優にやらせないで、本物の私を出せばよかったのですよ」

護国神社境内の骨董市で矢花克己さんは古手紙の束を手に入れる。その手紙には「鉛筆部隊」というハンコが捺してある。不思議に思った彼は、早速ネット検索をする。そうしたところ「作家のきむらけんさんに行き着いたのです」という筋運び、問題の突破口を開く重要人物だ。

浅間温泉千代の湯にいた疎開学童は鉛筆部隊と名づけられていた。この学童たちと特攻隊員たちとが奇跡的な出会いをするというものだ。

「私の役を演じた子は可愛い子だったわ」

鉛筆部隊の田中幸子さんに不満はない。劇中には、武剋隊の今野勝郎軍曹に「お嫁になってほしい」と求愛される名場面も出てくる。

鉛筆部隊の田中さん、鉛筆部隊の手紙を発掘した矢花さん、この二人が知覧に行くことを決めたという。こちらにも誘いがあった。

「物事には潮時ということがあるかもしれませんね。今まとめているのは四作目、信州特攻最終章です……いい機会ですね。よし、けじめをつけよう」

(二)　空路鹿児島へ

二〇十七年三月十一日、羽田を発った。

「せっかく行くのだから窓際がいいと思って行きも帰りも富士が見える方を取ったのですよ……」

田中幸子さんは知覧へは何度も行っていて旅慣れている。

「ありがとうございます。幸いに天気がいいですね」

ジェット機は高高度の一万メートルを飛んで行く。富士が見えてきた。

「あ、きれい！」と隣に座った田中さん。

すり鉢の形をした富士は上部に雪を頂いている。

「特攻機からこの富士を見て多くが感動していますね。零戦に乗って谷田部を飛び立った市島飛行兵は、鹿屋へ向かう途中感激のあまり『機上の桜の一、二枝を富士に捧げ』たと言っています。『きけ　わだつみのこえ』でこれを読んだとき、風防を開けて桜の小枝を投げたのかと思いました。後にその小枝をあげた手塚久四さんに尋ねたら、彼も零戦の操縦者だったのですけど、『飛行中に風防なんか開けられませんよ』と一蹴されてしまいました。どうも我らは死んでいく者を美しく飾ろうとしますね……」

「でも、富士はいつ見てもきれいですね」

「ああ、そういえば廣森隊長も山本隊長も陸士五十六期ですね。この二人と同期に山本卓美中尉がいます。昭和十九年秋、福島県の鉾田飛行場を飛び立ってレイテに向かうときこの富士を見て感動しているのですね……」

富士ヲ仰ギテ　美シキ日本　嗚呼　吾ヨクゾ日本ニ生マレタルト湧然タル感動感激初メテ生　雲一ツナキ好天ニ巍然聳ユル雪白ノ富士ヲ仰ギテ何トイフコトナシニ涙下ル

（『山本卓美日記』会報『特攻』第八十六号　平成二十三年二月）

八紘第八隊「勤皇隊」の彼は、原ノ町を汽車で発ち、鉾田飛行場から飛び立ち、新田原経由でレイテに向かう途中だった。乗機は二式双襲だ。軽爆要員で、鉾田陸軍飛行学校原ノ町分校で間違いなくもう一人の山本と一緒だったはずだ。勤皇隊隊長の彼は昭和十九年十二月七日レイテで特攻戦死している。八紘隊の第八隊「鉄心隊」と第十一隊の「皇魂隊」とがやはり鉾田を飛び立っている。この二隊も富士を眺めて行ったろう。

「みんなそれぞれに思いを刻みながら飛んでいったでしょうね。当時は、列島の自然はどこも綺麗だったはずです。今は地上が汚く見えますね」

飛行機の窓から食い入るように下界の地形を眺めた。上空から見る列島は虫が食べたようにまだらになっている。開発によって野山が食い荒らされている。

行くうちに淡路島の島影が見えてくる。思い出されるのは山本薫中尉の単機帰郷である。

飛行機からは里を眺められはするが、地を踏みしめられない。

「戦闘機からの墓参りというのも切ないものがあるなあ」

一人の思いなど知らぬげに機は四国の足摺岬を抜けて、日向灘を飛んでいく。陸地が見えてくる。長い海岸線、九州宮崎だとわかる。海から陸地へ入っていく、すると横に長いものが認められた。

「もしや！」

予感が湧き起こってひやりとした。地表をじっと見つめる。すると形がくっきりと現れてきた。間違いなく滑走路だった。

飛行機から見た新田原基地

「新田原だ、新田原に違いない」

今は自衛隊の新田原基地となっている。管制塔、格納庫、滑走路もはっきりと見える。三年前の二〇一四年三月、私はここを訪ね、内部を見学し、外も歩き回ったことがある。

「陸軍時代のことはもうすっかり忘れられています。さっきの山本卓美中尉はここに着陸して、宿舎の八紘荘で本土最後の祝宴を張っているのです。陸軍の八紘隊は本土から十二隊、各十二機、全部で百四十四機ですね、次々にレイテに向かっているのですよ」

「そうだったのですか」と田中さん。

「うん、それでこの八紘隊十二隊のうち十隊の隊長が陸士五十六期生なんですよ。振り分けで襲撃分科に行ったのが三十名。八紘隊の第五隊鉄心隊隊長の松井浩中尉は鉾田飛行場から九九式襲撃機で出ていますけど、おそらく三十名のうちの一人ですね。やはり同期の菱沼俊雄さんが『レイテ作戦のころまでに五十六期の大部分が失われた』と言っていますが、このことを指しているんですね。一足早く、特攻に行った彼らのことは廣森、山本の両隊長は耳にしていたと思うのです。陸士五十六期生の先輩に続けみたいなものがあって、その後に続こうという意識は強かったと思うのです」

「そうだったんですか」

「八紘隊の各隊は、レイテに向かうときこの新田原に着陸して宿泊しています。ここで時間の取れた隊は宮崎神宮に必勝祈願に訪れています。何しろ本土最後の飛行場だったのですから思いも一入だったでしょう。心して参拝していますがこのことは神宮も知らなかったのです。神宮の禰宜さんもびっくりされていましたよ」

「忘れられていますね」

「そうそうなんです。レイテでは海軍の神風特別攻撃隊が有名ですね。陸軍もこれに刺激されて航空特攻を行うのですが、陸軍特攻の第一号が万朶隊と富嶽隊です。富嶽隊の方はやはり新田原に着陸して内地最後の夜を送っています。この後に八紘隊の十二隊が続きます。遠く南方まで行きますから油の補給をしますね。それとここには航空工廠がありました。具合の悪いところがあれば応急的に修理もできたようです。富嶽隊、八紘各隊以外にも多くの隊がここを経由してレイテに向かっています。南方に向かうときの重要な中継基地だったんですね。搭乗員はここできっと思い出を刻んだのですよ」

「私は、今野さんたちの足跡を訪ねて健軍飛行場の跡まで行きました」

「うんうん。ただね、特攻隊員というのは未練を見せてはいけないのですね。扶揺隊の久貫兼資さんはいよいよ知覧を飛び立つときになって故国と別れるのが切なくなった。それで仲間にはわからないように体操をするようなふりをした。そうしてこっそりと土に手をやったり草に触ったりしたと言っていましたね。皆同じ思いをしたのだと思いますね」

「そうだったのですか」

「うん。何かね、特攻というと沖縄特攻なんですね。今やレイテ特攻なんか忘れられていますね」

「ああ、そうですね。私は知覧の慰霊祭で硫黄島の特攻に行った宮本三良さんの妹の増田春江さんと知り合いになりました。九十歳を越えた方です。硫黄島特攻なども知りませんでした。第二御楯隊というらしいのです。昭和二十年二月二十一日が命日だとか」

「硫黄島の戦いは悲惨でしたね。島への物資輸送はこの新田原から行っていたんです。物資を運んでいた機長が、硫黄と地熱でたくあんが三日も持たない。梅干しも一週間すると色が変わるんですって。栄養失調で死ぬ人もいたと証言しています」

「火山島で大変だったんですね」と田中さん。

「特攻でいえばこの新田原からは三十八名が出撃したことになっているんですけど、これは戦果確認ができた数を言っていますね。もっと多く出ていますよね。武揚隊の三人は途中で撃墜されていますけど、その彼らの本土最後の地がここでしたよ」

「そうでしたか。ゆかりの飛行場ですね」

「そうそう、武剋隊の時枝さんがここで五来さんに手紙を託さなかったら物語は始まりませんでした。すべてが新田原に繋がります、因縁の飛行場ですよ……」

私は遠ざかりゆく飛行場を見ながら田中さんに言った。

（三）いよいよ知覧へ

「間もなく着陸します」

乗っていくらも経っていないのに機内アナウンスがあった。もう鹿児島だという。飛行機を降りて到着ロビーに行くと確かに自分の足は鹿児島に立ってはいる。

「心はまだ箱根峠あたりにあるのに体だけが先に着いてしまうんですね」

「本当にアッという間ですね」

矢花さんも同じ思いらしい。

「昔は、旅というと鉄道で、私なんか特急寝台『富士』で鹿児島へ来たことがありますけどね。終着駅の西鹿児島駅に着くと、『ああ来たなあ』という気持ちがしましたよ」

特急寝台では三十一時間かかった。

駅に近づくと専務車掌が「皆様ご乗車有り難うございました……」とアナウンスをする。すると旅の抒情が一気にこみ上げてきたものだが、今は実感が希薄だ。空港ロビーで自分を見失い、ふらふらするばかりだ。

「そうか、西鹿児島という駅はもうないんだ」

鹿児島空港から乗ったバスは、鹿児島中央駅行きだ。このバスも満席で補助席に座る。

飛行機ではたまたま墓参りに里帰りした人と隣り会わせた。

「新幹線で里帰りというのはほとんどないですね」

帰省する場合の選択肢として鉄道はない。主役は航空路にある。

高速バスは終点に着く。駅はビルに生まれ変わっていた。あの西鹿児島駅はなくなり、鹿児島中央駅はビルになっていた。かつてのひなびた雰囲気はない。もう都会そのものだ。この駅から知覧へはまたバスに乗る。海岸線を走ると車窓に桜島が見えた。ひところ盛んに噴火していたが今は静かだ。

「私はね、菊池飛行場から知覧に飛ぶとき、敵機の来襲に備えて編隊が解かれたのですよ。そのときに桜島の噴火口がどうなっているのか見ていきましたね。まあ、ぽっかりと火口が開いていましたね」

扶揺隊の久貫さんが言っていたことを思い出した。人は飛行機に乗っていてものぞきたがるようだ。

バスは海岸から山間部に入った。カーブが連続する手簑峠《てみのとうげ》を越えてようやく知覧に着いた。盆地にある静かな町だ。

東京から遙か隔たった町、真っ先に感じたことは空気感が違うことだ。地方的空気感、まったりとした時間の流れ、そればかりではない南国的な雰囲気がある。明るく、暖かい。

着いた旅館は富屋旅館である、田中幸子さんの定宿だ。

戦中は陸軍指定の富屋食堂で、当地を出撃していく特攻隊員が多く訪れた。特攻の母と言われる鳥浜トメさんが切り盛りしていた。戦後、特攻生き残りや遺族が当地を訪れてくるようになった。その彼らをもてなすために旅館に衣替えしたと。現在の女主人は、トメさんのお孫さんのお嫁さんだ。

「なんとしてでも戦争中の悲惨な作戦、特攻は後の世に伝えていかなくてはなりません」と。

トメさんの思いを受け継いでおられる。

旅館に着いてすぐに特攻平和会館に行くはずだった。が、町並みを見て考えは変わった。

「特攻、特攻では苦しいですね。今日は武家屋敷を歩きましょうよ」

当初は、二日とも知覧特攻平和会館に行く予定だった。田中幸子さんは知覧へは度々訪れている。平和会館の参事をしておられる峯苫真雄さんにも到着したら行くと伝えてあったがこれは断念した。峯苫真雄さんは、間接的にはよく知っていた。田中幸子さんを通して多くの情報を得ていた。この三月で引退されることになっていて、それで会っておこうということもあった。

薩摩の小京都、知覧の庭園、武家屋敷群を歩いた。

私は、いわゆる観光地は嫌いだ。人が大勢いて、そしてお土産屋があって、何かの名物がある。ここはそういうものと無縁だった。観光客はいる。三々五々歩いているのがいい。それものんびりとしている。

通り沿いの垣根が美しい。見事に刈り込まれた緑がずっと連なっている。左右に家々があってここの庭が美しい。石と植え込みとを巧く使った枯山水の庭園があって、一つ一つ趣が違っている。通り沿いの七つの庭園を歩いて巡っていく。その庭の植栽が素晴しい。

青い空によく映えている。知覧は盆地の町だ、庭は周囲の山を借景として造られている。

凝った庭がどうしてここにあるだろうかと思う。財力がなければこれはできない。しかし、ここは辺境である。その位置を利用しての貿易があった。「知覧の港が江戸時代に琉球貿易の拠点だったことから、武家屋敷も琉球の影響を多く受けている」とのことだ。やはりである。貿易、交易で富が蓄えられた、その財を用いて大がかりな枯山水を作った。庭があれば、これを愛でる、そして人を呼ぶ。酒が出て料理も並べられる。興じて歌をうたい、踊りもある。そこには色香のある女性も出てくる。音曲もこれらについてくる。そういうもの全体がここの文化である。

建物などは琉球の影響を大きく受けている。それゆえに街並を歩くと南国にいるような気分になる。知覧は辺境の地、武家屋敷の存在はこのことと大きく関連する。

特攻と武家屋敷はイメージが繋がらない。しかし、辺境では繋がる。日本本土の最南端だからこそ貿易の港ができた。また、戦闘機最後の補給基地として当地に、陸軍飛行場ができた。

知覧基地からの出撃
知覧基地は陸軍飛行学校の分校でしたが、1954年3月に沖縄に最も近い本土最南端の特攻基地となりました。陸軍の特攻基地は知覧を始め九州、当時日本の統治下にあった台湾にもありましたが、その最大の基地が、最も沖縄に近い本土 南端に位置した知覧基地でした。沖縄戦で戦死した陸軍の特攻隊員の1036人のうち、おおよそ半数の439名の隊員が知覧から出撃していきました。

（「知覧特攻平和会館」資料から）

辺境だからこその特攻基地であるが、今回知ったのは、地域が生きていくためには工夫が必要だということだ。珍しい武家屋敷群を売り出すことで人を呼ぶ。また、多くの特攻兵を出撃させたことをアピールして人を来させる。そういう面もあることだ。

（四）灯籠に導かれて

死者の霊魂は生者に働きかけるものなのか。この疑問は絶えずあった。疎開学童と特攻兵とが偶然出会って、一ヵ月間ともに過ごした。この事実を数年かけて取材しているが、とんでもなく遠い昔のことである。そうであるのに隠れていた事実が次々に証されてきた。無念の思いを抱いて亡くなった兵の霊がそうさせるのか。今回も何かに取り憑かれたように思ったことがあった。

着いた日の夕暮れ、私は町の散策に出た。南国の静かな町を歩いてみようと思ってのことだ。すぐに帰ってくる積もりだったが、大通りに出ると石灯籠が目についた。今回案内してくれる田中幸子さんもこの灯籠《とうろう》を寄贈している。ゆえに聞き知ってはいた。道の両側にどこまでもこれが続いている。特攻で行った人たちの鎮魂のために建立されたものだ。

一つ一つに霊がこもっているのかもしれない。夕暮れ時、段々暗くなってくる。道路を通っていく車のライトが灯籠群を浮き上がらせる。行くうちに足が止まらなくなった。「あの信号のところまで」と決めて行くが、そこまで行くと足は帰らせてくれない。ずんずんと行く。心は引き返そうと思うが、足がいうことをきかない。

種田山頭火の有名な句がある。「分け入っても分け入っても青い山」、南九州の山中でさ迷ったさまを描いたものだ。ここは山ではない。「分け入っても分け入っても石灯籠」、どこまでも続いていく。山頭火は新緑の緑に囚われた。自分は霊魂に囚われたようにどんどんと導かれていく。道はカーブを描いて山に上っていく。次第に暗くなる。すると車のライトもくっきりと灯籠群を浮かび上がらせるようになった。

すべての灯籠に火が点ったような錯覚を覚えた。連なったそれらがぼぉうと、どこまでも続いている。夢かうつつかわからない。幻想世界を歩いているようだった。この果てには何があるのだろうか。そう思ったときに武揚隊隊長の遺詠が思われた。

いざ行かん　浅間の梅を　えびらさし　わたつみはるか　香とどめん

浅間温泉に咲いていた梅の香りを沖縄の海に届け、その香りを永久に残したい。灯籠の果てまでいくとその香りが匂ってくるだろうか。

ゆきゆくと平和会館の入り口に着いた。国道をそれるとアプローチがあって、やはり灯籠がずらりと並んでいる。桜並木のようだ。たどっていくとひやりとした戦闘機らしい影が見えたからだ。三枚羽がはっきりと見えてきた。一式戦闘機「隼」だった。解説版に目を近づけてみると映画撮影用に作ったものだとわかって安心した。

「飛行場に行くというトラックがあったので拝み倒して乗せてもらったんですよ。それで滑走路の端で降りて松林の中を行くと戦闘機があったんですよ。夢にまで見た『隼』ですよ。ところがなんとなくおかしい。それで拳固でコンコンと叩いたんですよ。そしたらボンボンというじゃありませんか。敵を欺くためのモックアップ（模造機）だったんですよ！」

松本浅間温泉の古老岩越平八さんに聞いた話を思い起こした。

そこからきびすを返して会館のある方へ行く。するとお堂があった。特攻平和観音堂であった。多くの御霊が祀られているところだ。この裏手に行くとぼぉうと夕闇に浮かぶ建物があった。三角形をしている。

「あっ、三角兵舎だ！」

出撃する特攻隊員たちが待機をしていた建物だ。復元されたもので本物ではない。が、耳を澄ますと何かこそこそと音が聞こえてくる。霊魂が話しかけているのだろうか。

と号第三十一飛行隊は、新田原飛行場から台湾へ向かう。武揚隊はこの知覧には関係してない。が、一人だけいた。長谷部良平伍長だ。坊やとここで呼ばれていた彼は出撃までの間、ここで暮らした。そして四月二十二日に単機でここから出撃している。

薄暗い三角兵舎は静かな中にひっそりとあった。カタンと音がして肝を冷やした。その瞬間、「当たって　皆を　安らかにせん」と言う言葉がひょいと浮かんできて、今度はゾッとした。長谷部良平伍長が浅間で残した言葉だ。

気づくと辺りは、すっかり暗くなっていた。石灯籠に導かれてとうとうここに着いてしまった。彼らの霊魂に導かれたのかもしれない。

（五）知覧特攻平和会館へ

翌三月十二日、富屋旅館を出た。今度はタクシーだった。

「昨日、夕暮れどき、ここを歩いていったんですよ。この灯籠に導かれてね」

「うん、やっぱり導かれるんですよねぇ」と田中さん。彼女は特攻兵の霊魂を固く信じている。

歩きでは時間がかかったが車ではすぐに着いた。日曜日とあって来館者も多い。ロビーを抜けて展示室に入る。するとそこにはずらりと遺影が掲げられている。これにまず驚く。

「若き特攻隊員の遺影コーナー」だ。

「これだけ多くの若者が特攻機に乗って突撃したのですね。一目瞭然というのはこのことですね……」と私。

リピーターの田中さんは驚かない、矢花克己さんは目を見張った。

解説には、「一〇三六柱の隊員の遺影が出撃戦死した月日順に掲示されています。その下には家族・知人に残した遺書・手紙・辞世・絶筆などが展示してあります」と。

「やっぱり数は一〇三六柱なんですね……」

思いは武揚隊隊員にある。十五名のうち六名しかここにはいない。

「順番に見ていくと武揚隊は後だから空いてきますね……」

遺影は出撃順に並べられている。最初のコーナーは人垣ができていて自由にみられない。それでも武剋隊隊長の廣森中尉の写真は人の肩越しに見られた。武剋隊前半隊は、出撃が早いから多くの注目が集まる。しかし、人間の緊張は長くは続かない。一人一人の遺影を見ていくと時間がかかる。どこかで諦めざるを得ない。それで出撃が五月ともなると人はまばらになる。五月十三日出撃の山本薫中尉、五十嵐栄少尉、柄澤甲子夫伍長の遺影は立ち止まって存分に眺められた。

「柄澤さんの写真は写りが悪いですね。今回寄贈しようと思って持ってきたのです」

高山宝子さんのアルバムにあったものを焼き増ししてきた。

遺影コーナーは写真ばかりではない。遺書や手紙なども見られる。五来軍曹は病気の妹に宛てて「兄は大君の為に喜んで死していくが、心は魂はどこまでも行く。いつまでもお前を護つていく」と書いている。掲げられた遺影の数々は亡くなった当人をリアルに想起させるが、その写真の数以上に遺されているのが遺書や手紙などの言葉だ。彼らは万言を費やして思いを語っている。言霊に満ち満ちている。

人間が用いる言葉は、人へ思いを伝えるものだ。語っても語り尽くせないものがあったから書いたのだと思う。死ねば現世世界とは途絶する。「笑って征きます」とか「喜び勇んで征く」とかという言葉が遺書に書かれているが、現世への思いの深さがこういう言葉になったのではないだろうか。

「書かれている言葉と思いは別々なのかもしれませんね」

山本薫隊長は母親への遺書に「死ぬは悲しむ事にあらず」と書いていたが、彼は母親が悲しまないようにとそう書いたのではないかと思った。

「そうかもしれませんね」と田中さん。

「うん。私はね、前に振武隊隊長の伍井芳夫さんのことを取材したことがあるんですよ。やっぱりこの知覧から出撃しているのです。埼玉の桶川飛行学校で教官をしていた人だから家はその近くにあるのです。特攻出撃前に桶川に里帰りで飛んでくるんです。そのときに昔の同僚と将棋を指したのですね、相手が特攻に選ばれたことに対して『男子の本懐これに勝るものはない』と言ったそうなんです。これに対して『馬鹿なことを言うなよ、俺には女房と、三人の子供がいるんだよ。好きで行くんじゃないんだよ』と応えたというんです。特攻兵はほとんどが十代や二十代なのに彼は三十二歳だったのです」

「そうだったのですか」

田中さんが相づちをうつ。

「その伍井大尉は、この知覧から四月一日に出撃するんです。その前の晩にここ知覧で色紙に言葉を遺しているんです。それがね、『人生の総決算何も謂ふことなし』とね。いいたいことはいっぱいあったのだろうけどね……」

「みんなこうしてそれぞれが自分の思いを言葉を書いていますね」

田中さんは陳列ケースを覗きながらいう。

「知覧というと特攻隊員の写真とか持ち物とかが思い起こされますけど、こうやってみていくと言葉の方がとっても重く感じられますね」

ここへ来てみて改めて気づいたことだ、この知覧特攻平和会館は彼らが思い残した言葉を集めていた。それらを見ると彼らが万言を費やして思いを語っていることが分かる。

「それにしてもみんなとても丁寧に、美しく書いていますね」

「うん、でもこれは氷山の一角みたいなものですね。この下にどれだけの思いが埋まっているか……上っ面だけみてはいけないのでしょう」

知覧特攻平和会館には、言葉の山が築かれていた。館全体が彼らの言霊に満ち溢れているように思った。

（六）特攻の語り部峯苫さん

「あの飛行機は何度も扱いましたよ。エンジンを始動させるのに『転把回し《てんぱまわ》』はよくやりましたよ。重いのですよ。二人がかりでやってゆっくりと回すのですがなかなかかかりませんでした。うんともすんとも言わないものが何かに引っかかった瞬間、コンコンコンと音がして煙が出るとホッとしましたね」

七十二年前のことを思い出されてのことだ。八十七歳の峯苫《みねとま》さんは終戦時十六歳だった。当時陸軍知覧飛行場で整備員として働いていた。武揚隊の乗機九九式襲撃機の始動について話された。少年時代、飛行機と飛行場がすべての夢であり希望だったようだ。

終戦を迎え、この知覧飛行場には三、四十機が並べてあったという。『特攻基地知覧』を書いた高木俊朗氏は彼から取材している。

一式戦闘機が多かったが、九八式直協機、九九式襲撃機などもあり、たった一機、海軍の零式艦上戦闘機がまじっていた。これらの飛行機が、再び特攻機となって飛ぶことは、もはや考えられなかった。三千年不敗の神国が負けたことが、現実であったのだ。少年は心に大きな衝撃と激しい混乱を感じた。

昭和二十年八月十六日の陸軍知覧飛行場でのできごとだ。敗戦の日、十五日を境にその飛行機はすべて死に絶えてしまった。一機一機を大事に整備してきた。それら飛行機が一朝にして無用物となってしまっ

知覧にて。左から矢花さん、筆者、峯苫さん、田中さん。

た。耐えがたいことだったろう。

峯苫さんは、旧知覧町の職員だった。一九九〇年に退職された。それ以来、四半世紀特攻平和会館で語り部を続けてこられた。この春で辞められるという。私と田中さん、矢花さんを前に語り部として語った。

「ここを造るまでは、大変な苦労がありました」

左翼系の反対運動もあったと。また、国の出先機関との交渉など幾多の困難を乗り越えてこられたと。知覧特攻平和会館初代館長の板津忠正さんはよく知られている。峯苫さんの話を聞いて会館を建設するに当たって事務方として奔走した人だと知った。

「彼らの事績は未来永劫にわたって伝えて行かなくてはならないのですよ……」

語り部の使命を彼は一言で語った。

峯苫さんにお会いするのは初めてである。しかし、知覧情報は密かにこの人から得ていた。今回同行した田中幸子さんは、五月の慰霊祭には継続してずっと出席していた。彼女は一〇三六柱の一つ、武剋隊今野勝郎軍曹を慰霊する灯籠を寄贈している。そんなことから特攻平和会館の人とも親しくなっていた。それで武剋隊や武揚隊の記録も田中さんを通して知覧から得ていた。

「これまでいろいろとありがとうございます」

そうは言ったが、ありがとうの一言で済ますことができないほどお世話になっていた。その彼と一緒に我ら三人は知覧特攻平和会館の玄関で記念写真を撮った。シャッターがカシャリと鳴った。

「これを寄贈します」

私は別れ際に写真を峯苫さんに渡した。武揚隊隊員が写っているものだ。彼は小さくうなずいた。長年の負い目がこれによって少し軽くなったように思った。

（七）旅の終わりの「浅間温泉望郷の歌」

旅は慌ただしくせわしい。瞬く間に時は過ぎていく。再びバスに乗って空港に着いた。やれやれと思ったときトラブルが起こった。保安検査場を通ろうとしたらチェックに引っかかってしまった。

「どうして？」

鹿児島空港の荷物検査で入場を止められた。身につけているものは来たときと全く変わりがない。お土産だけは違っているが……。

「さつま揚げで引っかかるわけはないしな」とぼやく。

検査員の女性は探知機をくまなく身体に当てる。ポケットに入れていた万歩計まで外されて、

「これ機械に掛けていいですか？」

おまけにバンドの下まで彼女に触られてしまった。

田中さん、矢花さんはなんともない。自分だけが引っかかってしまった。荷物検査に持ち物、そして身体検査、だいぶ時間がかかった。係官は入念に調べたが、特別なものは出て来ない。それでも彼女は疑わしそうな目つきで私を見ている。怪しいものの正体を突き止められないで悔しいという表情だ。それでもやっと解放された。

「なぜだろう？」

「おかしいわねぇ」

「機械は機械的に測るだけですよね。針が振れたのだけどその原因はいくら調べてもわからない……」

「先生、知覧から何か変なお土産を持ってきたんじゃないですか」

矢花さんは笑っている。

「うん、そうかもしれない。やっぱり知覧に行って霊魂をたくさんつけてきたんだね。これだけはいかに機械でもつきとめられない」

腑に落ちないままに飛行機に乗り込んだ。

「何が憑いたのかなあ。一〇三六柱じゃないものかもしれない……」

飛行機に搭乗して、私は田中幸子さんに言ったことだ。

「そうかしら……」

「だって一〇三六柱は出撃したことが認められた兵ですよね。成仏したあの人たちが取り憑くわけはないと思うのですよ……」

会館で多くの遺影や言葉に出会った。陸軍の一〇三六柱に数えられた兵隊たちのものだ。確かに輝かしいものである。それでも思ったのは、柱に数えられていない兵隊たちのことだ。その彼らも含めて特攻という作戦はあった。兵たちの思いは誰も彼も一緒だった。浅間温泉で「必死必殺」と書き残したのは海老根伍長だった。ところが彼は、与那国島付近で敵機に遭遇し撃ち落とされた。無念の敗退だ。

事例は他にもある。特攻に行ったのに戦果確認から漏れた者もいる。しかし、彼らの事績は殿堂入りしないと残されない。その兵隊たちの事績は忘れられていくばかりだ。そういう準柱となった兵が取り憑いたのではないかと思った。

「もしかして靖国に帰りそびれた兵隊たちかなあ？」

「そういうこともあるかもしれませんね」と田中さん。

「あ、そうだ、あれは見ていかないと……」

あわてて目を外に向けた。行きに見えた新田原飛行場を思い起こしたからだ。

「ああ、帰りはもう無理ですね」

外は暗くなってゆく。地表にはぽつんぽつんと灯りが見える。しかし、新田原飛行場は確認できなかった。そのうちに機は海に出た。日向灘だ。そしてすっかりと世界は闇に包まれてしまった。

雲海の上を飛んでいくとふと明るいものが見えた。雲平線上に星が浮かんでいる。宇宙空間だと思った。特攻機は敵に悟られないように薄暮に出撃した。彼らも雲間に光る月や星に出会いもしたろう。突撃までの数時間、その宇宙と出会って何を考えたろう？

飛行機の丸窓に映った闇を見つめていると、微かに色が見えてきた。目を凝らすとうっすらと地表が見えている。手前には黒々とした大地、そして向こうにはつぶつぶの灯りが帯のように連なっている。小さな鬼灯《ほおずき》が瞬いているようだ。街の明かりだった、機は関西上空にさしかかっていたのだ。

眼下の黒いところは紀伊半島、左手は海に浮かぶ島、淡路島だ。とするならすぐ左手の灯火は徳島市だろう。

戦闘機でこの上空に飛んできた山本隊長がまた思い出される。「懐かしきあの山、あの河」はあの灯りの下にある。人々が住まっているところが光の点や塊で示されている。

淡路島の向こうには光の帯が横に連なり、少し東に行って膨らんでいる、大阪だ。その帯はずっと向こうに続いている。奥にはさらなる光の星雲、名古屋のようだ。

「まるで地表の銀河だ！」

鬼灯色の銀河は大阪圏から名古屋圏に連なっている都市だった。灯りの正体がわかってくるにつれ、気づいたことがある。九年間近く追ってきた物語、その現場を一眸に収めていることにだ。

紀伊半島を挟んで西には武揚隊隊長山本中尉の出身地が、東には武剋隊隊長廣森中尉の故郷三重の亀山があった。飛行機はゆっくりと東に移動し名古屋の灯りをくっきりと捉えた。灯りの北辺は各務原辺りである。

新京から飛来してきた武揚隊と武剋隊は、この各務原に着いた。当初はここで爆装改修をする予定だった。それを急遽変更して北の松本へ飛んだ。名古屋空襲の危機が各務原にも及ぶと判断したからだ。

名古屋と各務原はほとんど近接してあった。昭和二十年二月末、米軍は虎視眈々と獲物を狙っていた。中でも飛行場は狙い目だったろう。名古屋と至近距離にある各務原は丸裸同然だ。「打ち込んで下さい」と言わんばかりに飛行場は寝そべっていた。

「あそこでの爆装改修を断念したのは賢明だったんだな」

私は一万メートルの高度から今の世界を眺めている。眼下には星屑のように光がきらめいている。穏やかであり温和だ。ところがこの光にも歴史があった。

七十二年前、この光の下で営まれていた暮らしがことごとく粉砕された。敵の爆撃機B29によって京阪神、中京地区の諸都市はすっかり焼き払われた。が、人々は敗戦から立ち上がり灯りが一つ一つ点り始めた、そしてこの光の帯が作られた。今それが静かに穏やかに輝いている。

「鬼灯色は平和の灯《ともしび》」

ふと浮かんできた言葉だ。すると戻りそびれた兵を思い出した。

「靖国ではなく松本に？」

ぼんやりとそう思った。彼らの影が浮かんできた。やがてその像がはっきりとしてきた、富貴之湯旅館の舞台で歌をうたう兵たちだった。私は、名古屋の遠灯りのきらめきを眺めながら「浅間温泉望郷の歌」を小声で唱和した。

世界平和が　来ましたならば
いとしなつかし　日の本へ
帰りゃまっさき　浅間をめがけ
わたしゃいきます　富貴の湯へ

「そうだ、松本はあの光の向こうにある……桜はまだだろう……」

誠第三十一飛行隊（武揚隊）隊員名簿

山本 薫	中尉	二十三歳	陸士五十六期	特攻戦死	二十年五月十三日	徳島
五十嵐栄	少尉	二十四歳	特操一期	特攻戦死	二十年五月十三日	山形
柄澤甲子夫	伍長	二十一歳	航養十四期	特攻戦死	二十年五月十三日	長野
高畑保雄	少尉	二十二歳	幹候九期	特攻戦死	二十年五月十七日	大阪
五来末義	軍曹	十九歳	航養十四期	特攻戦死	二十年五月十七日	茨城
長谷部良平	伍長	十八歳	少飛十五期	特攻戦死	二十年五月二十二日	岐阜
藤井清美	少尉	二十四歳	幹候九期	特攻戦死	二十年七月十九日	京都
長谷川信	少尉	二十二歳	特操二期	戦死	二十年四月十二日	福島
西尾勇助	軍曹	二十歳	航養十四期	戦死	二十年四月十二日	千葉
海老根重信	伍長	十九歳	航養十四期	戦死	二十年四月十二日	茨城
飯沼芳雄	伍長	十九歳	少飛十四期	戦死	二十年七月十九日	長野
中村敏男	少尉		幹候	生還		
力石文夫	少尉		特操二期	生還		
吉原 香	軍曹		航養十四期	生還		
春田政昭	兵長		少飛十五期	消息不明		

○武揚隊出撃飛行場は台湾八塊陸軍飛行場。
○長谷川中尉、西尾軍曹、海老根伍長は、台湾へ前進中与那国島で敵機に撃墜される。
○飯沼芳雄伍長は特攻出撃するも戦果確認できず戦死扱い。
○長谷部良平伍長は、誠隊から振武隊に転属しての特攻出撃（知覧から）。
なお、特攻戦死の場合は二階級特進となるが、ここでは前のままの階級とした。

主な参考文献など（刊行年は奥付による）
戦史叢書『沖縄・台湾・硫黄島方面陸軍航空作戦』防衛庁防衛研修所戦史室 著　一九七〇年（昭和四十五年）朝雲新聞社
新版『きけ　わだつみのこえ――日本戦没学生の手記』日本戦没学生記念会 編　一九九四年（平成六年）岩波書店
『開聞岳――爆音とアリランの歌が消えてゆく』飯尾憲士 著　一九八五年（昭和六十年）集英社
『特攻に散った朝鮮人――結城陸軍大尉遺書の謎』桐原久 著　一九八八年（昭和六十三年）講談社
『憧れた空の果てに』菅井 薫 著　一九九九年（平成十一年）鳥影社
『白い雲のかなたに――陸軍航空特別攻撃隊』島原落穂 著　一九八五年（昭和六十年）童心社
『週刊　少国民』第四巻十八号 一九四五年五月六日（昭和二十年）朝日新聞社
『明治学院百年史』一九七八年（昭和五十三年）明治学院
『あゝ 祖国よ 恋人よ――きけわだつみのこえ 上原良司』上原良司・中島博昭著 一九八五年（昭和六十年）昭和出版
『丸メカニック』第七巻・第四号第三十五号「マニュアル特集・九九式襲撃機／軍偵察機」一九八二年（昭和五十七年）七月 潮書房
『特攻』第七号 別冊「沖縄特攻」坂本 隆茂　一九八九年（平成元年）特攻隊慰霊顕彰会

＊この作品を書くに当たって多くの人々にお世話になりました。資料を提供してくださったり、証言を聞かせて戴いたりしました。皆さんの助けがあってこの一冊をまとめることができました。改めて御礼を申し上げます。

きむらけん

【著者紹介】　きむらけん
1945年満州（現中国東北部）撫順生まれ。童話作家・物語作家、文化探査者。

1996年『トロ引き犬のクロとシロ』で「サーブ文学賞」大賞受賞。1997年『走れ、走れ、ツトムのブルートレイン』で「いろは文学賞」大賞・文部大臣奨励賞受賞。

2011年『鉛筆部隊の子どもたち～書いて、歌って、戦った～』で「子どものための感動ノンフィクション大賞」優良賞受賞。

著作に、『トロッコ少年ペドロ』、『出発進行！　ぼくらのレィルウェイ』、『広島にチンチン電車の鐘が鳴る』（いずれも汐文社）、『日本鉄道詩紀行』（集英社新書）、『峠の鉄道物語』（JTB）。『鉛筆部隊と特攻隊――もう一つの戦史』、『特攻隊と褶曲山脈――鉛筆部隊の軌跡』、『忘れられた特攻隊――信州松本から宮崎新田原出撃を追って』（いずれも彩流社）は信州特攻三部作である。これに加えて『ミドリ楽団物語――戦火を潜り抜けた児童音楽隊』（えにし書房）がある。

『北沢川文化遺産保存の会』の主幹として、世田谷、下北沢一帯の文化を掘り起こしている。地図『下北沢文士町文化地図』（改訂7版）を作成したり、ネット上の『WEB東京荏原都市物語資料館』に記録したりしている。

この物語はこの活動から発掘されたものである。

〈信州特攻隊物語完結編〉
と号第三十一飛行隊「武揚隊」の軌跡
さまよえる特攻隊

2017年12月8日 初版第1刷発行

■著者　きむらけん
■発行者　塚田敬幸

■発行所　えにし書房株式会社
〒102-0074 千代田区九段南2-2-7 北の丸ビル3F
TEL 03-6261-4369　FAX 03-6261-4379
ウェブサイト　http://www.enishishobo.co.jp
E-mail　info@enishishobo.co.jp

■印刷／製本　三松堂印刷株式会社
■DTP／装丁　板垣由佳

　ISBN978-4-908073-45-8　C0021

周縁と機縁のえにし書房・きむらけんの本

ISBN978-4-908073-29-8 C0095

ミドリ楽団物語

戦火を潜り抜けた児童音楽隊

きむらけん 著

定価 2000 円＋税／四六判／並製

疎開先でも活動を続けた世田谷・代沢小の学童たちのひたむきな演奏は、戦中、日本軍の兵士を慰撫し、戦後は音楽で日米をつなぐ架け橋となった！　戦時下に発足し、陸軍を慰問し評判となった代沢小学校の小学生による音楽隊は、戦後にはミドリ楽団として華々しいデビューを遂げ、駐留米軍をはじめ多くの慰問活動を行った。音楽を愛する一人の教師が、戦中・戦後を駆け抜けた稀有な音楽隊を通して、学童たちとともに成長していく物語。

主な内容

第 1 章　代沢浅間楽団　昭和 19 年
大太鼓への祈り／ジャバラバランの日／学童疎開／浅間温泉到着／始まった疎開生活／代沢浅間楽団の発足／代沢浅間楽団の音楽会（ほか）

第 2 章　真正寺楽団　昭和 20 年前半
たらふくお雑煮お正月／「決部隊」慰問／ああ、六年生／洗馬真正寺への再疎開／真正寺での新生活／「真正寺楽団」音楽会（ほか）

第 3 章　真正寺楽団東京へ　昭和 20 年後半
重大放送を聞く／洗馬の野山との別れ／懐かしの故郷、東京へ（ほか）

第 4 章　ミドリ楽団結成　昭和 21 年
新しい音楽へ／「草競馬」と「チョコレート」／新楽団の発足／米国陸軍病院へ慰問演奏の日／横浜オクタゴンシアター／クリスマスのラジオ放送（ほか）

第 5 章　ミドリ楽団世代交代　昭和 22 年
六年生と涙の別れ／騎兵第八軍婦人クラブ主催音楽会／金魚にぎょぎょぎょ／疎開組、母校との別れ（ほか）

第 6 章　新生ミドリ楽団　昭和 23 年
評判の人気楽団／大劇場アニー・パイルへ／「ミドリ楽団」世界へ／築地本願寺へ／自由と平和（ほか）

大好評発売中